EXPERIMENTATION WORKS
The Surprising Power of Business Experiments

实验工作法

不确定时代的
敏捷创新与决策术

[美]斯蒂芬·汤姆克 著
(Stefan H. Thomke)

诸葛雯 译

中国人民大学出版社
·北京·

前言

向科学方法致敬

2003年，我在《重在实验：释放创新科技的潜能》(Experimentation Matters: Unlocking the Potential of New Technologies of Innovation)一书出版时曾预言：数字实验工具不仅有可能彻底改变企业的研发活动，还可能通过将实验与创新转移到用户和客户身上来改变整个行业。五年后，苹果公司开设了应用商店，任何人都能随时随地设计和发布全新的应用程序。截至2017年初，iOS用户已经可以使用大约220万款应用程序。同年，苹果应用商店为苹果公司创造了约100亿美元的营收。据推测，此项业务的毛利率非常高。截至2017年年中，自应用商店开设以来，苹果公司已向应用程序开发商支付了700多亿美元，累计下载量估计达到1 800亿次。[①] 而且，所有密切关注仿真与原型工具的人都知道，这些应用程序已在制造业中广泛使用，尽管企业仍在努力解决我在2003年提及的整合与管理

[①] D. Yoffie and E. Baldwin, "Apple Inc. in 2018," Harvard Business School Case No. 718-439 (Boston: Harvard Business School Publishing, 2018).

问题。当我高兴地看到这些预言成真时,我想是时候研究另一个话题了。

然而,我错了!2003 年,谷歌成立满五年,亚马逊也已成立九年,而缤客(Booking.com)仍是阿姆斯特丹一家独立的初创企业。尽管我研究过作为实验核心的统计原则与管理原则,但没有仔细研究过它们在客户体验与商业模式设计中的作用。我不知道它们如何推动当今在线业务的崛起。当它们最终引起我注意时,我立即意识到,大规模对照实验将彻底改变所有企业的经营模式与管理者的决策方式。我看到组织已全面部署科学方法——这种做法能够大幅提升组织效率!这与研发领域有着惊人的相似之处。企业与研发领域的这两场革命都与新实验工具、新流程和新文化的潜力,以及企业应该如何释放它们的力量有关。在 2003 年,并非所有的工业企业都致力于帮助组织适应新工具并遵循《重在实验:释放创新科技的潜能》中描述的原则。几年后,这些企业认识到,想要保持竞争力,它们必须全力以赴开展商业实验。

有些读者认为,大规模商业实验只能影响以数字为根基的 B2C 企业。我希望本书可以改变你的想法,原因有三。首先,没有数字根基的企业正越来越多地与客户进行在线互动。如果无法进行大规模的实验,那么大量的数字触点、设计选择和业务决策简直让人不堪重负。其次,本书提及的理念和原则适用于任何商业环境,无论是线下企业还是线上企业,是 B2C 还是 B2B,无论是制造业、零售业、商业和金融服务业、物流业、旅游业、媒体业、娱乐业、医疗保健业,还是你所在的任何行业。本书的主题是涉及不

前　言
向科学方法致敬

确定性的可实验的创新决策。严谨的实验不再是科学与工程项目的专属。书中"一切皆可实验"的案例研究虽然看起来可能有些极端，却可以让读者预览业已到来的创新未来。最后，没有软件根基的企业应该听从风险投资家马克·安德烈森（Marc Andreessen）的教诲，"软件正在吞噬一切"。我见过许多硬件开发项目，其中软件消耗了一半以上的资源。要知道，最佳软件开发实践在过去十年中发生了翻天覆地的变化。在微软旗下的必应（Bing），约80%的改进首先采取对照实验的形式。（一些低风险的错误修复和机器层面的变动除外，如操作系统的升级。）[1] 采用传统线性方法的完整的软件项目现在则启用连续的实验周期，直到产品被替换时才停止。

本书的问世可谓恰逢其时：400多年前的1620年，弗朗西斯·培根（Francis Bacon）的《新工具论》（*Novum Organum*）得以出版，为我们提供了关于构建和组织知识的新工具，即科学方法。以科学的方式思考和行动的观念已对世界产生了巨大的影响。几个世纪以来，我们通过可检验的解释与预测建立和组织了科学技术知识体系。这些为我们提供了有关现代医学、食品、能源、交通、通信等领域的知识。不起眼的实验是为科学方法提供动力的引擎。我花了超过25年的时间研究商业实验，在这一过程中，许多学者与从业者的工作令我受益匪浅，这些人都出现在了这本书中。我想他们会赞同我的观点：实验卓有成效！但是，要想充分利用商业实验的惊

---

[1] R. Kohavi and S. Thomke, "The Surprising Power of Online Experiments," *Harvard Business Review*, September-October 2017.

人力量，企业必须对卓有成效的商业实验系统进行投资，包括能够帮助当代管理者快速、精准、大规模地以科学的方式思考与行动的制度、工具、组织原则、价值观和行为。本书将告诉你如何做到这一切。

目录

导　论　商业实验势在必行　　　　　　　　001

需要通过商业实验来推动创新和盈利的增长。将大规模实验作为企业实践加以部署。简要介绍本书的观点和框架。

第一章　为何商业实验卓有成效　　　　　　017

商业实验在创新中的作用。了解工具的力量与实验过程。利用能够加速学习的运营驱动因素。

第二章　什么是优秀的商业实验　　　　　　059

优秀商业实验的要素。有助于制定更好的管理决策的七个问题。认识商业实验的局限性。

第三章　如何开展在线实验　　　　　　　　　093

A/B 测试的商业价值。利用渐进式创新的力量来提高业务绩效。向领先的数字企业学习最佳实验实践。

第四章　打造大规模实验的文化　　　　　　　133

真正的实验文化的七个特征。诊断并扫除文化障碍。采用全新的实验型组织管理模式。

第五章　揭秘实验型组织　　　　　　　　　　175

真正的实验型组织的运作模式。通过流程、管理和文化纪律确保实验大众化。利用技术、规模和速度获得竞争优势。

目 录

第六章 成为实验型组织　　215

成为真正的实验型组织的步骤。通过七个系统杠杆和 ABCDE 成熟度框架来分析企业的情况。高效部署实验工具。

第七章 商业实验的七大谬误　　243

破坏实验与创新的误区。认识到你的行动事与愿违。破除阻碍进步的谬论。

后　记　展望未来　　257

实验的未来已经来临。了解人工智能的作用。帮助自动化实验和决策增加价值。

导 论
EXPERIMENTATION
WORKS

商业实验势在必行

本书阐述了如何通过商业实验实现不断创新。创新之所以重要，是因为它能够推动盈利性增长，为股东创造价值。然而，随之出现了一个两难的境地：尽管来自各个方面的信息泛滥成灾，但是当今的管理者却身处一个充满不确定性的世界，他们缺乏能够为战略和战术决策提供信息的正确数据。[1] 因此，无论结果如何，我们的行动往往依赖于直觉、经验和信念。然而，这种做法往往行不通。而且，我们经常发现，真正具有创新意义的想法与我们的经验和假设或传统智慧相悖。无论是寻求提升客户体验、尝试新的商业模式，还是开发新产品与服务，即使是最有经验的管理者也会犯错，不管他们是否愿意承认这一点。本书介绍了许多这样的人士及其状况，以及商业实验如何大幅度提高他们的创新能力的例子（比如第三章中的例子）。

2012年，一名在必应工作的微软员工萌生了改变搜索引擎显示广告标题方式的想法。[2] 这项改动并不费功夫，然而，它只是数百条

---

[1] I. C. MacMillan and R. G. McGrath, in *Discovery-Driven Growth: A Breakthrough Process to Reduce Risk and Seize Opportunity* (Boston: Harvard Business Review Press, 2009). 该书主张采用发现驱动的规划方法，承认增长管理的高度不确定性。两位作者指出："发现驱动的规划背后的关键思想是，你希望能够随着规划的推进，降低我们所说的假设与已知之间的比率。如果这一比率很高，就会出现很大的不确定性，人们应该重视以最低的成本快速学习。"他们提出应该打造一种基于测试证据采取行动的文化。

[2] R. Kohavi and S. Thomke, "The Surprising Power of Online Experiments," *Harvard Business Review*, September-October 2017.

建议中的一条，而且项目经理认为它的优先级不高。因此，这个想法被搁置在一边，直到六个多月后，一位工程师才启动了一项简单的在线对照实验（A/B 测试）来评估其影响。A/B 测试开始几个小时后，新版标题就产生了异常高的营收，甚至触发了"好得让人怀疑"的警报。一项分析表明，在不损害关键用户体验指标的情况下，这一变化使营收惊人地增长了 12%——仅在美国，年营收就将超过 1 亿美元。这是必应历史上最好的创收点子。然而，这个故事也说明，评估新想法的潜力绝非易事。乍看之下，项目经理觉得最初的想法无足轻重，因而不予考虑。是什么造成了这种预判与实际结果之间的差异？员工是否有能力启动严格的实验来评估这个想法的影响。

本书也介绍了如何在组织中利用此类实验的力量（即快速进行大量测试的能力）提出更多、更好的问题。我所说的实验型组织是自上而下的所有员工都（在行动与努力的方向上）接受实验的企业。实验不只是一个部门、一间研发实验室或是一群专家的责任。相反，所有员工都以这样或那样的方式参与所在组织的活动。在这个组织中，做实验就像计算一样重要。此类组织的精神就是实验性思维精神。[1]

---

[1] 实验性思维精神的体现远不止那些能够影响创新和运营的决策。亨利·明茨伯格（Henry Mintzberg）认为，即便是战略也应被视作新兴的学习过程。按照他的说法，"诚然，我们之所以思考是为了行动，但是，我们之所以行动，也是为了思考。我们做出尝试，而那些成功的实验则会逐渐汇聚成可行的模式，最终成为战略。这就是将战略制定过程视作学习过程的本质所在"。参见 H. Mintzberg, "The Fall and Rise of Strategic Planning," *Harvard Business Review*, 1994。最近，利文索尔（D. Levinthal）在 "Mendel in the C-Suite: Design and the Evolution of Strategics"（*Strategy Science 2, no. 4 (December 2017): 282–287*）中将"孟德尔式"管理定义为介于意向战略设计与借用达尔文的变异、选择过程之间的中间地带。因此，意向性是有限的。他同样强调了实验的重要性："重点是实验过程的设计，而非具体前进道路的设计。"本书不局限于过程设计，我们还将了解影响实验的组织、文化和技术问题。

导 论
商业实验势在必行

我们将在书中介绍一些年在线实验量过万且吸引了数百万用户的企业。这些企业发现,"一切皆可实验"的心态能够产生惊人的巨大回报与竞争优势,甚至有可能推高股价(见图 I-1)。

由亚马逊、易集(ETSY)、脸书、谷歌、微软、网飞(Netflix)与缤客组成的等加权指数。这些企业耗费多年时间为大规模实验构建基础设施,打造企业文化。

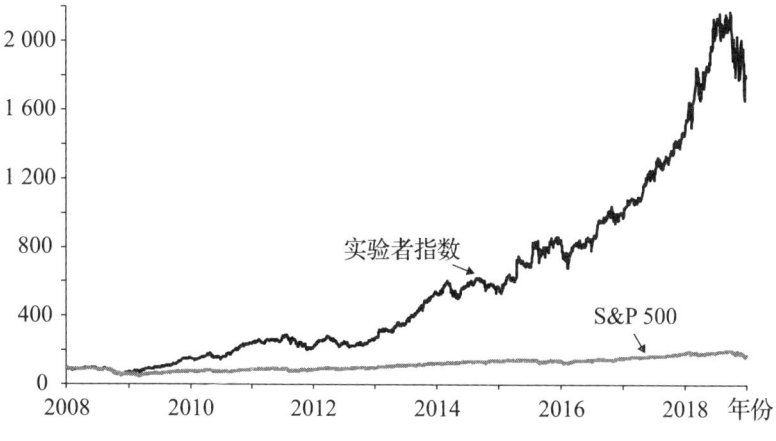

图 I-1 实验领袖的股票行情(2008 年 1 月 2 日 = 100) *

* 当然,相关关系并非因果关系——股价是许多因素共同作用的结果,而且统计样本仅限于上市企业。不过,我们仍然应该意识到,这些企业的增长受到了在线商业实验的影响。这项分析由哈佛商学院贝克研究服务部(Harvard Business School's Baker Research Services)的詹姆斯·齐特勒(James Zeitler)利用彭博社标准普尔 500 指数的数据得出。他将 2008 年 1 月 2 日设为基准日,100 设为基数,在此基础上计算各成分股的日回报率,进而求出其平均回报率。对等加权指数而言,平均回报率就是简单的算术平均值,可以通过前一天的市值等对加权指数的回报进行加权。但是,这是等加权指数。设 $R(t)$ 为 t 时刻成分股回报的平均值,$I(t)$ 为 t 时刻的指数水平。日指数水平为 $I(t)=I(t-1) \times (1+R(t))$。

资料来源:Bloomberg 2019.

这些企业耗费数年时间构建基础设施,打造实验文化,每周进行数百项实验,而成本几乎为零。随着第三方测试工具的不断发展,不论是线上还是线下,对于任何组织来说,这些测试能力均唾手可得。如果能够将软件的力量与对照实验的严谨性结合在一起，企业就能将自己转变为学习型组织，而且能够大幅提升企业效率！然而，要释放这种力量，就需要建立一个掌握测试科学且文化、流程和管理系统与我们今天所重视的一切相悖的实验型组织。例如，在全球最大的住宿预订平台缤客，所有员工都可以定义某项假设，并在无须获得管理层许可的情况下启动面向数百万用户的实验。缤客耗时十余年，最终打造出将 B2B 和 B2C 实验深深融入其日常工作的文化。为了优化客户体验，缤客的员工平均每天都在其网站、服务器和应用程序上进行一千多项严格的并发实验。由于缤客拥有上亿个不同的登录页面，所有登录其网站预订客房的客户都是其实验生态系统的一部分。IBM 已将大规模实验作为其与全球企业客户互动的一部分。2015—2018 年，IBM 将实验的数量从 100 项左右增加到近 3 000 项，参与员工从 14 人增加到 2 130 人。初创企业与没有数字根基的企业，如沃尔玛、州立农业保险（State Farm Insurance）、道琼斯企业（the Dow Jones&Company）、英国广播公司（BBC）、英国天空广播公司（Sky UK）、耐克、联邦快递、科尔士百货公司（Kohl's）、美国大众超级市场公司（Publix Super Markets）和沛可（Petco）等，均于线上以及实体店内开展了现场实验，尽管它们的实验规模要小得多。由于建模与仿真技术的进步，工业研发领域的实验数量出现激增，而且通常以现场环境中的物理原型测试为补充。

　　本书通过大量案例（来自案例材料以及我自己的研究与咨询经验）详细解释了实验作为一种应用广泛的业务实践所具备的特征。我们将思考为什么所有企业都应开展实验，以及为什么这对创新而

导 论
商业实验势在必行

言至关重要。本书还将深入探究如何进行严格的实验（包括应该避免哪些错误，这一点十分关键）以及需要从技术上和组织上为企业开展实验活动做哪些准备。最后，你将学会如何创建一个完全将实验视作核心业务实践的组织。处于数字世界，利用工具有可能快速、低成本且大规模地设计和开展实验。我们能够迅速获得实验结果，而且由于实验规模较大，还能快速评估其成败。在电影《甜心先生》（Jerry Maguire）中，体育经纪人冲着客户大声喊出了一句经典台词："先给我看钱！"[①] 在持续创新的组织中，管理者则要求："先给我看实验！"而不是仅仅根据传统观点或焦点小组的发现甚至是数据分析采取行动。需要明确的是，并非所有的创新决策都可以检验，也不是对所有的测试结果都应该相信。从伦理、法律或战略角度所做的考虑也许倾向于另一种行动方案，在这种情况下，优秀的实验可以使制定决策的原因变得更加清晰。

本书要向读者提出一些忠告：引导企业持续开展实验并不能保证所有实验都会获得成功，也不能保证所有实验一开始就完美无缺。实验本身无法百分百保证带来财富。事实上，正如书中提及的许多组织所证明的那样，无论实验是由科学家、世界知名的实验室、营销部门还是商业战略家负责，实验的失败率都可能高达 90%，甚至更高。但是，即使一次实验没有效果，它也能向我们传递一些信息：为什么没有成功？哪些假设出了错？设计、实施等环节何处出了问题？而且，最重要的是：下一次实验可以从中吸取哪些教训？当然，从成功和失败的经验中吸取经验一直是实验的本质。不同的是，现

---

① C. Crowe (dir.), *Jerry Maguire* (Culver City, CA: Columbia TriStar Home Video, 1999).

在我们有了一些能够帮助我们快速、低成本且以前所未有的规模了解创新绩效（即新产品、新客户体验和新商业模式）的工具。大规模实验意味着企业可以系统地接触大量的青蛙[①]，希望能够从中找到一位王子。[②]

为了找到这位王子，实验型组织可以利用高速渐进主义的力量。尽管商业世界推崇颠覆性的想法，但是大多数进步还是通过成百上千次微小的改进来实现的，这些改进逐渐累积可以产生巨大的力量。正如我们在必应的案例中所看到的那样，由于近乎即时的可扩展性，数字世界中的微小变化可以带来巨大的回报。5%的改进听起来并不多，但是如果将它乘以未来10亿次的点击量，结果就颇为可观。而且，重要的不仅仅是实验规模，还有科学的精确度。许多管理者错误地认为，实验就是将许多想法扔到众所周知的墙上，看看哪些能够粘在上面不掉下来——这种技术叫作"喷洒和祈祷"。能够分离变量并确定因果关系的严格测试根本不会出现这种情况。要说有什么技术的话，只能说实验型组织会高度聚焦真正重要的事情，而不太依赖经验、过去的数据、直觉、模仿或所谓的最佳实践。本书详细阐述了这些组织的规则与实践。

以缤客为例，在它着手处理商业假设的危险性以及认识到实验力量的过程中，实验起着至关重要的作用。在企业发展的早期，缤客发现它不能依赖直觉和假设，正如一位管理者告诉我的那样，"我

[①] 作者借用了《格林童话》中《青蛙王子》的故事。——译者
[②] 当然，如果基础科学认为实验不切实际或不可行，那么，大量的实验也不能保证找到解决办法。例如，即使进行了大量的实验，点石成金的梦想也不可能实现。但是如果存在一个可行的解决方案，我们就更有可能发现金子。

导 论
商业实验势在必行

们每天都能看到大量证据表明，人们很不擅长猜测。我们对客户行为的预测十有八九是错误的"。[1] 例如，我们以为客户希望购买将酒店优惠与其他产品打包出售的套餐产品。为什么呢？因为旅游手册——就是以前旅行社为我们准备的那种手册——就是这样做的。然而，缤客提供的是一种在线服务。对旅行社而言有效的策略对网站也有效吗？同样，我们假设客户希望在进行在线预订的过程中通过客服热线寻求帮助。为什么？因为我们就是觉得他们需要，毕竟其他公司也有客服热线。我们还假设客户在浏览网站时会观看潜在旅游目的地的视频。事实证明，这些假设都与事实不符。我们是怎么知道的呢？我们发现这些假设、猜测或直觉并不适用于缤客的客户，这是"有权实验的"员工发现的，他们可以通过一个记录在案的过程（我们将在第五章探讨这一过程）设计出对这些假设以及更多假设提出挑战的实验。

缤客的案例为我们提供了一个激动人心且富有启发的有关商业实验的见解。商业实验建立在业已经过几个世纪磨砺的科学方法的基础之上，我对于这一实践的研究也超过 25 年。然而，是数字革命在商业机遇的"完美风暴"中将商业实践的原则聚合在一起，并推动了当今创新团队所用工具的巨大进步。这一进步现在又回到了起点：离开了它们帮助创造的工具，今天的数字技术就不可能实现设计和制造的功能。为了理解如何利用这些工具，本书将带你领略相关的想法、框架、案例与创新研究。

---

[1]　S. Thomke and D. Beyersdorfer, "Booking.com," Harvard Business School Case 619–015 (Boston: Harvard Business School Publishing, 2018).

我们将在书中了解到为什么商业实验对公司的竞争能力而言至关重要。实验能够帮助我们回答所有组织都面临的各种问题：如何判断应该生产何种产品，提供何种客户体验，以及需要什么信息来做出这些决策？如果不知道客户想要什么并愿意为之掏腰包，我们如何能够实现创新？如何明智地分配组织的资源？如何分清因果？如何才能减少决策中的不确定性？

第一章概述了商业实验的要点。我们认识到，事实证明，各种运营驱动因素对实验的成功至关重要。（成功意味着实验可以帮助我们获取有用的信息，帮助决策者接受或拒绝某个想法或假设。）同样重要的是，我们将学会甄别什么是不严格的实验（例如，所谓的盲选试错实验），以及何时不应或不能进行实验（例如，当成本过高时）。我们还将看到，许多被称作实验的活动实际上并不是真正的实验。

为了解真实的实验流程，我们深入研究了1995年新西兰队在美洲杯中爆冷获胜的经典案例。团队遵循了强调通过微小改变进行迭代实验的标准化流程，也就是说，从一项实验中收集到的信息可以应用到下一项实验中。他们首先提出了可检验的假设，然后运行和分析对照实验，随后从这些结果中吸取经验，修改假设，每24小时循环一次，每次都能更加精确地快速迭代。

正如第一章的其余部分借助其他组织以及新西兰队的经验所详述的那样，由于数字工具的进步，我们有可能而且必须在今天的竞争环境中，以非常迅速和低成本的方式实现这一循环。到最后，你会对能够加速学习的基本实验构成有所了解。与此同时，你也将了解阻碍学习的因素，主要是那些干扰实验速度的管理和组织因素。

导 论
商业实验势在必行

第二章建立在我们之前所学的基础之上,尤其是关于有哪些因素(运营驱动因素)有助于并且能够加速从实验中学习的过程。然而,这种学习并不意味着能够做出优秀的(更不用说更优秀的)商业决策,最终,我们可能会做出许多草率的错误决策。决策与实验如何才能相辅相成?什么样的实验是优秀的实验?要回答这些问题,我们需要思考一套通用的管理实践,这些实践本身被表述为一系列相互关联的问题,这些问题虽然看似显而易见,但是鲜有人提出,即使有人问了,也不容易回答。

- **实验是否具有可检验的假设?** 也就是说,我们是否提出了一个可以而且应该能够得到检验的问题?创造力、技能和想象力在问题提出中发挥了作用:提出可检验的假设关乎艺术和科学。
- **利益相关者是否承诺遵守实验结果?** 这个问题至关重要。如果拟议的计划已经完成,为何还要花费时间与金钱,冒着发现假设错误的风险进行实验呢?
- **实验是否可行?** 有多种原因可以解释为什么可以或不可以进行某些类型的实验,提前了解这些原因至关重要。
- **怎样才能确保实验结果是可靠的?** 有一些原则和方法可以改进实验结果,甚至有助于解决实验中遇到的困难(如样本量偏小)。要在组织中建立信任就需要可靠的实验。
- **我们是否了解因果关系?** 实验的设计(以及设计背后的思想)是否清楚地说明了自变量(假定的原因)与因变量(观察到的结果)是什么关系?两者之间是否存在足够的相关性能够让我们采取行动,还是说我们仍需进行更深入的研究?

- **我们是否从实验中获得了最大的价值？**是否还能从单次实验中学到更多东西？我们是否遗漏了什么？能否通过价值工程来最大化实验的投资回报率？
- 最后，我们必须在近乎自省的层面上问问自己：**实验真的能推动我们的决策吗？**

第三章以上述七个问题为基础，探讨了怎样才能构建在线实验能力。我们将跟随该领域一些真正的专家（如微软）的脚步，从最基本的对照实验（A/B 测试）开始，详细观察它们是如何开展工作的。我们从这些公司中学到的东西适用于所有的组织，包括那些没有数字根基的组织，因为它们也认真地致力于走向数字化。这种学习体现了一系列的基本原则。

首先，测试一切可以测试的东西！

同时也要认识到，微小的创新可能极具价值。有时，诸如网站上一处颜色的变化或是一个按钮位置的变动等，都可能会对流量的生成以及这些流量向销售额的转化产生巨大的影响。投资大规模的实验系统——本书始终在不断强化规模与快速的重要性。我们将在这一章中看到如何将实验系统转化为实际的实验能力：它是什么样的？如何运作？实验的组织工作是重中之重。这一切不会自动出现。如何才算成功？如何判断自己是否成功？使用什么衡量指标？如何制定这些指标？

更重要的是，我们能否相信这个系统？无论实验结果多么令人信服（无论结果是积极的还是消极的），都不能保证它们能够为所有人接受，这一点不足为奇。组织中可能长期存在各种假设、习惯、

导 论
商业实验势在必行

个人信念甚至纯粹的无知等。

最后一条原则是结果需要易于理解。即使实验设计精巧并且实现了学习的目的，但是如果没有人了解发生了什么，一切都会受到影响。简单是关键！既然我们有能力进行如此多的实验，有能力快速而低成本地进行这些实验，而且也认识到了微小决定的重要性，那么没有理由让实验或对实验结果的理解和交流变得复杂。保持简单和严谨是基本准则。

此时，你也许会想，一个组织的文化如何能够处理这些问题？这就是第四章要解决的问题。第四章的目的是强调，我们已经在并且有可能建立一种能够大规模鼓励实验的文化，但是这一切离不开领导的引领。我们已经认识了几家公司，了解了它们成功的实验工作。我们将在第四章中提炼出我们从它们与其他公司，以及从一系列关于组织和团队行为的研究中所学到的经验。

从这些案例与研究中得到下面这个启示或许并不令人惊讶，那就是管理十分重要，也就是说，如果管理者积极鼓励实验，组织文化就会鼓励实验。而且，如果组织认为失败有助于学习（即不会受到惩罚），就会鼓励员工进行实验。我们从那些掌握了大规模实验技巧的人那里学到的一条重要经验就是，他们将失败与错误区分开来。正如我们所强调的那样——在阅读本书的过程中，你会发现我们一再强调这一点——一次实验无法肯定地证明某个假设是正确的。事实上，分析失败的原因才是最重要的。实验的设计是否存在缺陷？问题本身是否无法测试？失败有多种可能性，坚持认为失败代表错误这个想法本身就是错误的。如果认为没有成功就等同于失败，就不可能打造实验文化。同时，实验文化也不是打破一切，不代表可以打着创造性破坏的名义，将任何东西扔到墙上。那些将实验融于运作之中的组织已经学会如何确保成功和失败能够在一种矛盾的平衡中共同作用。第四章还探讨了当一切都成为一种测试时的重要的道德问题。如何确保人们会进行有诚信的实验？请记住，"[实验的]力量越大，责任越大"。[1] 第四章的内容主要与组织和态度方面的障碍有关，这些障碍阻碍了有效实验与鼓励实验的文化特性（例如，学习心态、谦逊、诚信）。

实验在实践中是如何运作的呢？这是第五章的主题。第五章深入探讨了一家真正的实验型组织即在线住宿预订平台缤客的实践。这一章改编自哈佛商学院在各类教育项目中广受高管好评的案例。缤客绝对配得上"实验型组织"的称号，本章详细介绍了它是如何在发展过程中获得如此突出的地位，以及如何在其成功的基础上继续发展的。实验型组织的一个标志就是，不故步自封！

缤客的每一位员工都在不停地思考如何才能更好地为全球客户服务。这些客户的兴趣、期望、语言各不相同，如何对待这些客户绝不是一个简单的问题。从缤客对实验文化如何营造的见解中得到的重要启示是，这是一项高度规范的业务。缤客的所有员工都有权进行实验，但是实验必须遵循一个连贯的过程。其结果是，整个组织都专注于转化率这一目标——将公司网站的访客转化为公司产品的客户——但是为实现这一目标所做的个人努力有序且协调，而且

---

[1] 蜘蛛侠彼得·帕克（Peter Parker）的叔叔本（Ben）有一句经典台词，"能力越大，责任越大"，出自雷米（S.Raimi）所执导的《蜘蛛侠》（Spider-Man）（USA: Columbia Pictures Corporation & Marvel Enterprises, 2002）。

导 论
商业实验势在必行

结果对所有人都是透明的。

对典型的实验型组织全面观察的结果令人惊讶，也可能有点令人生畏。如何才能创建一个实验型组织？这是第六章探讨的主题。我们在书中认识的一些线上与线下企业已经拔得头筹，还有一些企业刚刚起步（我们甚至讨论了游艇制造商）。要创建一个实验型组织，企业需要经历不同的演化阶段——ABCDE 框架（见图 I-2）。从起意（Awareness）到信念（Belief）再到承诺（Commitment）和推广（Diffusion），最后到嵌入（Embeddedness），实验在组织中深深扎根。我们将看到企业如何驾驭这一段旅程，以及它们用来构建其基础设施的各种工具。

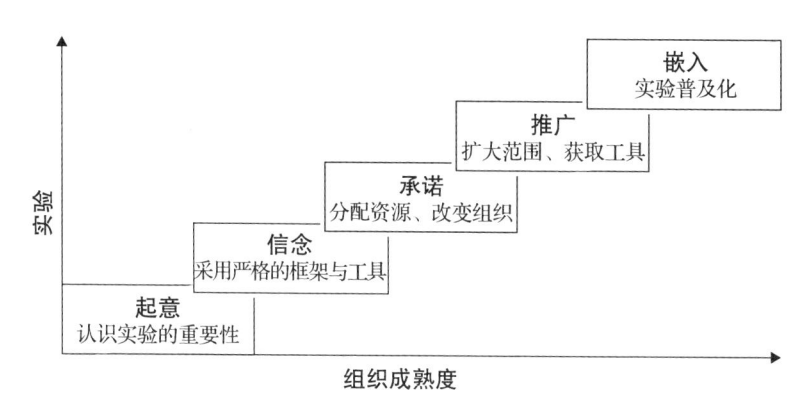

图 I-2 实验型组织的演化阶段

但是，前进的行动可能会遭遇消极的回应。当组织朝着建立实验文化的方向发展时，不赞成大规模实验的声音就会出现。我们将在第七章中接触这些被称作"谬误"的观点，了解人们之所以被误导的原因。例如，"实验驱动的创新会扼杀直觉与判断"或"数据与商业分析时代不再需要了解因果关系"等观点可能真正体现了不赞成者的担忧，不过这些也有可能只是借口而已。无论是哪种情况，一旦有了经验和结果，这些声音就会减弱。我们将研究这些观点是否有效，如何以及何时对其做出回应。

最后，我们将展望未来，对实验的未来做出一些初步的预测。后记是一则提示：未来既令人兴奋，也极具挑战性。将进行大规模实验的能力与人工智能、大数据（我们将学会如何审慎地使用这些数据）以及逐渐完善的算法结合起来，也许能够帮助企业更上一层楼。结果可能是一个闭环过程，商业假设的生成、测试和分析变得完全自动化。你准备好了吗？

那就请你做好准备！让我们一起踏入奇妙而快速变化的商业实验世界。

第一章
EXPERIMENTATION
WORKS

为何商业实验卓有成效

2011年，罗恩·约翰逊（Ron Johnson）在离开苹果公司出任彭尼百货（J.C.Penney）（以下简称彭尼）首席执行官后不久，就带领团队实施了一项大胆的新计划。在他的领导下，彭尼取消了优惠券和清仓区，大量引入品牌精品店，并且用技术取代了收银员、收银机和收银台。然而，仅仅17个月过后，彭尼的销售额骤降，亏损飙升，约翰逊也丢掉了这份工作。

彭尼怎么会出现这么大的问题？不是有大量交易数据可以帮助它判断顾客的品位和喜好吗？约翰逊在创建苹果公司极度成功的商店概念方面（通过"天才吧"以及无人零售等创新，重新定义了顾客的店内体验）的经验出了什么问题？这些创新使苹果门店成为全球所有零售商店中每平方英尺平均零售额最高的商店，访客数量甚至超过了迪士尼乐园。彭尼董事会一定希望约翰逊能够帮助这家拥有1 000多家分店的美国老牌连锁百货公司成功复制苹果商店的辉煌。为什么他们的期望没能实现？

一方面，大多数管理者所处的世界缺乏足够的数据或相关的经验，无法为他们的创新决策提供信息。也就是说，他们也许拥有交易数据，但是这些信息仅仅反映了客户过去的行为，而非客户面对未来的变化时可能做出的反应。另一方面，很多时候，管理者十分依赖他们的直觉，然而，真正的创新点子往往与经验相悖。事实上，多数点子都行不通。无论是改善客户体验，尝试新的商业模式，还是开发新的产品和服务，即使是最有经验的商业领袖也经常出错（见"知名的消费者行为预测"）。而且，由于预估成本比预测客户反应更容易，因此，涉及业务变革时，许多管理者更倾向于降低成本，而不是制订涉及客户的顶线增长计划，这一点并不令人惊讶。

知名的消费者行为预测

［iPhone 是］世界上最贵的手机，它对企业级客户没有吸引力，因为它没有键盘，不适合发送电子邮件。

——微软首席执行官史蒂夫·鲍尔默

（Steve Ballmer，2007）

人们一遍又一遍地告诉我们，他们不想为收听音乐支付月租……他们不想订阅。

——苹果首席执行官史蒂夫·乔布斯

（Steve Jobs，2003）

上市六个月之后，电视就会失去它所占领的任何市场。人们很快就会厌倦每天晚上盯着一个胶合板箱。

——20 世纪福克斯影业负责人达里尔·扎努克

（Darryl F. Zanuck，1946）

然而，不是所有的点子都会失败。好消息是，管理者可以发现产品、服务或商业模式的变化能否成功。他们可以通过对其进行严

第一章
为何商业实验卓有成效

格的实验做到这一点。打个比方，制药公司绝不会在没有根据既定科学协议进行一轮实验的情况下推出一种药物（事实上，美国食品药品监督管理局（US Food and Drug Administration）要求制药公司进行大量的临床试验）。而这正是许多公司在推出新的商业模式与其他新变化时所做的事情。如果彭尼对其首席执行官拟议的创新进行严格的实验，也许就会发现，尽管这些创新在苹果取得了成功，却无法赢得彭尼客户的认可。[①] 考虑到创新成功的概率极低，这样的结果早在预料之中。事实上，微软发现，只有三分之一的实验结果是有效的，三分之一的实验结果没有指向性，剩下三分之一的实验结果是负面的。[②]

要是彭尼进行了广泛测试，就会发现自己并没有什么问题（不需要实施新计划）。谷歌在不断追求最佳客户体验的过程中进行了大量实验。即使是专家，大多数时候也会出错。谷歌前首席执行官埃里克·施密特（Eric Schmidt）在 2011 年的参议院反垄断听证会上披露了这种可能性：

> 为了让你了解谷歌所做改变的规模，我们在 2010 年进行了 13 311 次精确评估，以了解拟议的算法变化能否提高搜索结果

[①] D. Mattioli, "For Penney's Heralded Boss, the Shine Is off the Apple," *Wall Street Journal*, February 24, 2013. 这篇文章指出，约翰逊的一位同事建议他在所有的 1 100 家门店推行改革之前，先选几家测试一下他的新策略。然而，约翰逊的回答是："苹果从来不做测试。"当约翰逊的直觉明显不奏效之后，彭尼的一位董事会成员科琳·巴雷特（Colleen Barrett）意识到，"不进行测试就是一个错误"。然而，即便进行了测试，公司有能力在小样本环境中进行对照实验吗？假设的测试可能缺乏严谨性和文化接受度，因而不可避免地受到管理层偏见的影响。

[②] R. Kohavi and S. Thomke, "The Surprising Power of Online Experiments," *Harvard Business Review* 95, no. 5 (September-October 2017).

的质量。我们进行了8 157次对比实验,向一组实验人员展示两组搜索结果,请评估人员按照优、良、中、差的顺序对结果进行排序。此外,我们还进行了2 800次点击评估,以了解一小部分真实的谷歌用户对这些改变的反应。最终,这一过程产生了516项变化,数据表明这些变化对用户有利。因此,我们对谷歌的算法进行了修改。其中的大部分变化,用户根本察觉不到,而且只影响很小一部分网站,但是只有当我们相信这些变化对用户有利时,才会实施每一项变化。[1]

换句话说,谷歌专家的失败率高达96.1%。然而,正是这种能力(即就什么行得通、什么行不通开展大规模实验的能力)赋予了谷歌超越其竞争对手的优势。财捷集团(Intuit)联合创始人、前亚马逊董事斯科特·库克(Scott Cook)回忆起雅虎前高管曾经说过的话,"'[谷歌]比我们跑得快,我们没有那样的实验引擎。'"[2] 即使雅虎在2007年启动了备受关注的"巴拿马"计划,努力缩小与谷歌在广告竞争中的巨大差距,也无法抹去谷歌巨大的实验优势,即持续改进系统的优势。

正如本书所示,一家公司创造和完善其产品、客户体验、流程和商业模式的能力——换句话说,竞争能力——深受其实验能力

---

[1] 2011年9月21日,埃里克·施密特在参议院关于反垄断、竞争政策和消费者权利听证会上的证词。

[2] S. Cook, interview with D. Baer, "Why Intuit Founder Scott Cook Wants You to Stop Listening to Your Boss," *Fast Company*, October 28, 2013, https://www.fastcompany.com/3020699/why-intuit-founder-scott-cook-wants-you-to-stop-listening-to-your-boss.

第一章
为何商业实验卓有成效

的影响。事实上,所有的创新首先都是一种想法,然后通过实验对其加以塑造。如今,一个创新项目可能涉及成百上千次实验,这些实验有着相同的目标:通过一轮又一轮的严格测试,了解一个商业创意是否有助于解决客户的需求或问题。下一轮实验会融入上一轮实验中获得的信息,直到产生一个可接受的解决方案。简而言之,创新需要通过在实验室、团队以及整个组织内进行实验加以培育。

商业实验至关重要

实验背后的原理是追求关于因果关系的知识。所有实验都是通过了解什么可行,什么不可行来获取信息的。[1] 几个世纪以来,科学家和工程师在洞察力与直觉的指引下,依靠实验来获得新信息并积累知识。人们通过实验描述自然发生的各种过程,在相互竞争的科学假说中做出选择,寻找效应背后隐藏的机制,并模拟难以或不可能通过观察来研究的东西。简而言之,就是归纳科学规律。[2]

在商业领域,实验帮助我们发现了新的技术解决方案与新市场。

---

[1] S. Thomke, *Experimentation Matters: Unlocking the Potential of New Technologies for Innovation* (Boston: Harvard Business School Press, 2003). 本章中的一些材料来自这本较早出版的书籍。

[2] T. Kuhn, *The Structure of Scientific Revolutions* (Chicago: University of Chicago Press, 1962); R. Harré, *Great Scientific Experiments: Twenty Experiments That Changed Our View of the World* (Oxford: Phaidon Press, 1981); and P. Galison, *How Experiments End* (Chicago: University of Chicago Press, 1987).

一则经典案例就是 3M 公司的便利贴。故事始于 1964 年，当时 3M 公司的化学家斯宾塞·西尔弗（Spencer Silver）启动了一系列旨在开发聚合物基胶水的实验。[①] 正如西尔弗所回忆的那样："便利贴黏合剂的关键就是实验。如果我坐下来，事先写好配方，仔细思考，就不会去做这项实验。如果仅仅将思考局限于文献，我早就停止实验了。文献中有很多案例表明你不能这样做。"[②]

尽管西尔弗发明了一种具有独特性能的新胶水——黏性强、附着力弱——但 3M 公司还是花了至少五年的时间才为其找到市场。西尔弗一直试图将自己的胶水推销给 3M 公司的其他部门，然而这些部门想要寻找一种能够形成牢不可破的黏性的强力胶水，而不是一种只能黏合两张纸的弱胶水。不同概念的市场测试（如黏性公告板）告诉 3M 公司，便利贴的概念没有前途——这种黏合剂无法解决任何已知的客户问题——直到西尔弗遇到了阿瑟·弗莱（Arthur Fry）。弗莱是一位化学家兼唱诗班指挥，他留意到唱诗班成员在更换曲谱时，夹在里面的书签经常会掉落。弗莱想："要是能给这些书签上涂一点胶水就好了。"这一瞬的灵光乍现启动了一系列关于新胶水的实验，扩大了它的使用范围，并最终发明了一种可以在不破坏物品表面的情况下粘贴和移除的纸制品。换句话说，一旦出现了这样的时刻，在为一个令人沮丧的客户问题找到如今这般显而易见的解决方案方面，反复实验发挥了重要作用。

---

① 下列叙述是基于 P. R. Nayak and J. Ketteringham, "3M's Post-it Notes: A Managed or Accidental Innovation?" in *The Human Side of Managing Technological Innovation*: *A Collection of Readings*, ed. R Katz (New York: Oxford University Press, 1997)。

② Nayak and Ketteringham, "3M's Post-it Notes," 368.

第一章
为何商业实验卓有成效

尽管这些灵光乍现的时刻成就了令人难忘的故事，但是它们并没有完整地描述带来创新解决方案的各种实验策略、工具、流程和历史。毕竟，这样的时刻通常是许多失败的实验与知识积累的结果，这些积累使实验者具备了利用意外的机会。亚马逊首席执行官杰夫·贝佐斯（Jeff Bezos）指出："失败与发明犹如密不可分的双胞胎……如果事前已经知道实验会成功，那就不是实验。"[1] 想一想几位作者在仔细研究托马斯·爱迪生发明电灯泡的实验之后得出的结论：

> 与大多数发明一样，这项发明［电灯］在很大程度上是人类在常识与过去经验的指导下，利用任何他们应该掌握的知识和信息取得的成就。人们愿意尝试许多行不通的事情，但知晓如何从失败中学习，逐渐建立起事实、观察与洞察力的基础，使得偶尔蒙对的时刻——有些人称之为灵感——能够成功。[2]

然而，如果管理层的目标是取得巨大的成功，就不能仅仅依靠侥幸的猜测、经验或直觉。公司的商业实验必须严格，在组织上保持一致，有基础设施的支持，获得企业文化的认可。也就是说，进行实验要像进行计算一样平常。与此同时，一旦管理者清楚地认识到了解什么不起作用与了解什么起作用同样重要，偶然的突破也许更有可能发生。

---

[1] 美国证券交易委员会（SEC）档案（2016）：2015 年亚马逊 CEO 贝佐斯写给股东的信。

[2] R. Friedel and P. Israel, *Edison's Electrical Light: Biography of an Invention* (New Brunswick, NJ; Rutgers University Press, 1987), xiii.

从成功与失败中学习

所有的实验——不管是一个世纪前在爱迪生实验室里进行的实验，还是今天在网上零售渠道进行的实验——都应该产生知识。这种知识既来自失败，也来自成功。有效的实验还能为更多轮的实验提供指导。此外，从失败或成功本身获得的知识可以归档，因此，如果不适用于一组实验，也可以为未来的创新工作提供资源。

例如，顶级设计公司 IDEO 有一只"技术箱"，用于储存已完成和正在进行的项目所做的实验。这个以数字的形式记录了材料、物品以及有趣工具的巨大箱子被用来激励新开发项目中的创新者。由策展人组织和管理技术箱的内容，并为世界各地其他 IDEO 办公室——偶尔也为其他公司——复制其内容。设计师与工程师可以"翻箱倒柜"，摆弄各种开关、按钮和奇怪的材料，这些都是成功或失败的实验的一部分。[1] 技术箱表明，不可能完全预计一个创新项目需要的工具和材料，尤其是创新性极强的项目。爱迪生在其职业生涯早期就吸取了这一教训，并试图在西奥兰治实验室里准备好可能需要的一切。实验室最重要的部分就是一大堆废铁，那是他在过去的实验中留下的仪器、设备和材料。废品堆越高，爱迪生及其实验人员的搜索空间就越广，也就越有可能在其中找到下一个问题的解决方案。[2]

---

[1] S. McGrane, "For a Seller of Innovation, a Bag of Technotricks," *New York Times*, February 11, 1999.

[2] A. Millard, *Edison and the Business of Innovation* (Baltimore: John Hopkins University Press, 1990), 15.

第一章
为何商业实验卓有成效

同样，作为全球领先的旅行聚合商之一，每天通过缤客平台预订的房间数超过 150 万，缤客将所有实验——不论成败——都保存在其 IT 平台上，所有员工都能搜索到这些实验。实验可以按团队、产品领域、目标客户群等进行分组。所有数据显示的都是实验者留下的原始数据以及经过测试的假设、迭代和决策。由于缤客已经进行了十多年的实验，近年来每年进行的实验数量过万，这个"数字鞋盒"已经变得非常庞大。[①] 随之而来的是因它自己庞大而带来的挑战。你将在第五章中了解到缤客如何将大规模的实验转化为竞争优势。

事实上，当汽车公司推出新车或在线公司推出新的客户体验时，这些产品都是许多成功和失败实验的结果。实验不可避免地失败的原因与创新本身的不确定性有关。团队在进行新产品、新服务或商业模式的开发时，几乎无法事先了解某个想法是否会如预期的那样奏效。这意味着他们必须找到方法，迅速抛弃有缺陷的想法，同时保留其他有希望的想法。与此同时，有缺陷的想法本身可以产生知识，因此应该抓住这些想法。爱迪生非常清楚这一点，他说过："我已经得到了很多的结果！我知道有几千种方案是行不通的。"[②]

[①] R. Kaufman, J. Pitchforth, and L. Vermeer, "Democratizing Online Controlled Experiments at Booking.com," paper presented at the Conference on Digital Experimentation (CODE@MIT)，MIT, Cambridge, MA, October 27–28, 2017. 存储成功实验和失败实验的中央资料库是缤客实验平台的一个组成部分。

[②] F. L. Dyer and T. C. Martin, *Edison: His Life and Inventions*, vol. 2 (New York: Harper & Brothers, 1910), 615–616.

创新挑战

促使企业努力创新的原因不一而足。关注可预测的短期结果可能会淘汰那些需要长期财务支持且结果不确定的创新活动。事实上,管理者往往被期望能够在一定预算的基础上完成计划,任何偏差或差异都被认为是业绩不佳。这种想法认为,就像在工厂里一样,可变性和不确定性是不可取的,应该消除。这里存在一个两难的问题:从定义上讲,新颖性会产生不确定性,因为我们不知道什么可行,什么不可行。换句话说,在创新中,不确定性是必要的,因为它创造了机会。

然而,并非所有的不确定性都一样。研发的不确定性源自对以前没有使用过的技术解决方案、以前没有以"这种方式"组合过的技术解决方案,或是以这种方式小型化的技术解决方案的探索。就研发而言,不确定性往往与功能有关,并且可以通过严格的重复实验加以管理。研发经理经常问自己:"它[产品、服务、技术]能像预期的那样发挥作用吗?"另外,如果我们不知道在研发中表现良好的产品或服务是否也能以低成本、高质量和大批量的方式生产,此时就产生了扩大规模的不确定性问题。在小批量生产、焦点小组或消费者实验室中有效的东西,也许无法大规模推广。相关的问题是:"它[产品、服务、技术]能有效地规模化吗?"

除了研发和规模化的问题之外,快速变化的客户需求也造成了客户的不确定性,这是进行严格实验的另一个原因。客户很少能够详细说明他们的所有需求,因为他们要么自己就面临着不确定性,要么无法明确表达对尚不存在的产品或服务的需求。他们在调查或

第一章
为何商业实验卓有成效

焦点小组中表达自己的偏好时，其实际购买行为可能与他们所说的内容毫无相关之处。营销人员必须问自己："它［产品、服务、技术］解决了真正的客户需求吗？客户愿意付钱吗？"最后，如果创新具有破坏性，市场的不确定性可能会非常显著，以至于企业不愿意为这些市场分配足够的资源来开发解决方案。[1] 在这种情况下，新市场的构成与需求本身也会不断变化，而且要么难以评估，要么变化迅速，以至于优秀的管理层措手不及。让事情变得更加复杂的是，如果输入的数据不存在或快速变化，传统的管理工具，如净现值分析，很快就会达到极限。[2] 以苹果公司为例。苹果在开展在线音乐业务时，在线音乐市场几乎不存在，人们要么从唱片店购买CD，要么从Napster、Grokster和Kazaa等文件共享网站免费下载音乐。毫无疑问，苹果的音乐市场评估和定价策略面临着巨大的不确定性。

为了应对不确定性，管理者往往依靠自身的经验和直觉。不过，我们已经从零售业创新者罗恩·约翰逊的案例中看到，他是苹果商店概念背后的推动力量，管理者的经验往往取决于具体情况，而成功可能导致骄傲自大。另外，管理者能否在大数据分析的基础上建立模型以预测未来的创新结果？当然，企业最不缺的就是数据，如果使用得当，这些数据应该能够为他们提供指导，告诉他们什么样的变革可行，什么样的变革不可行。然而，就创新而言，大数据受

---

[1] C. M. Christensen, *The Innovator's Dilemma: When New Technologies Cause Great Firms to Fail* (Boston: Harvard Business School Press, 1997).

[2] C. M. Christensen, S. P. Kaufman, and W. C. Shih, " Innovation Killers: How Financial Tools Destroy Your Capacity to Do New Things," *Harvard Business Review* (January 2008).

到三个因素的制约。首先，一项创新越是新颖，就越不可能存在可靠的数据。（事实上，如果能够找到可靠的数据，肯定已经有人进行了这项创新，那么它也算不上新颖了！）其次，数据本身往往与环境有关（约翰逊的案例就是如此）。在另一个市场上对另一家公司有效的东西未必在这里就有效。再次，通过标准的数学方法，例如回归分析，对大数据进行分析，获得的大多是对相关关系而非因果关系的洞察。[1] 实际上，一些相关性很强的变量之间根本不存在因果关系。例如，有研究表明，手掌的大小与预期寿命相关，而冰激凌的消费量与溺水人数相关。但是，在你捆绑手掌或不再吃冰激凌之前，请考虑以下常见的原因：女性的手掌较小，也较长寿。户外气温很高的时候，会有更多的人去游泳和吃冰激凌。如果预期你的行为会导致可预测的结果，如提高客户保留率或增加销售收入，那么如何确定这背后的因果关系就是一个大问题。

当然，对于数据存在局限的解决方案是用严格的商业实验来完善数据分析。为了成功地利用不确定性带来的机会，组织在决策时需要具备实验的心态。[2] 事实上，我的同事克莱·克里斯坦森（Clay Christensen）在其关于破坏性创新的颇具影响力的研究中发现，成功的管理者"计划在寻找颠覆性技术的市场时早早地以较低的成本失

---

[1] J. Pearl and D. Mackenzie, *The Book of Why: The New Science of Cause and Effect* (New York: Basic Books, 2018). 这本书的第 10 章深入探讨了这些局限：永远无法仅根据过去的数据识别因果关系。

[2] 大卫·盖文（David Garvin）认为，可以将新的企业或投资视作实验。与市场的直接接触对于探索和验证而言至关重要，对于那些从通常的知识来源中只能获取有限洞察的全新企业而言尤其如此。参见 D. Garvin, "A Note on Corporate Venturing and New Business Creation," Note No. 302-091 (Boston: Harvard Business School Publishing, 2002)。

败。他们发现，他们的市场通常是通过反复实验、学习和再实验的过程凝聚起来的"。①

相关性问题

数字实验工具

顾名思义，实验应该有利于学习，学习到的知识既可以是实验的最终结果，也可以成为其他实验的输入，或者两者兼而有之。借用哲学家弗朗西斯·培根的话，实验让我们"向自然提出问题"。②与此同时，学习的速度受许多因素的影响，有些因素会对学习过程产生影响，有些会对学习过程的管理模式产生影响。创新实验的构成要素早已为人所知。一百多年前，爱迪生开创了实验型组织的雏形。虽然人们称其为"门洛帕克的鬼才"，但是他在新泽西州西奥

---

① Christensen, *The Innovator's Dilemma*, 99.
② J. Lehrer, "The Truth Wears Off," *The New Yorker*, December 13, 2010.

兰治的工业实验室——建于 1887 年，占地 14 英亩，扩建后的面积远不止于此——体现出了实验思维在起作用。这家自诩为"发明工厂"——实验卓有成效——的组织雇用了数百人，最终是数千人，其组织结构及其背后的思想至今仍很重要。爱迪生强调纪律和严谨对他的努力而言至关重要，"爱迪生的发明工厂是工业研究的先驱，因为它们为实现实际目标，进行了有组织的系统化研究。它们的工作涵盖了广泛的活动……保存在西奥兰治的实验室记录证明了爱迪生及其领导的实验人员对基本原理进行的理论研究，根据这些原理进行推导，并通过实验来检验结果"。①

尽管实验在爱迪生的发明工厂中发挥了关键作用，但是复杂的实验往往既昂贵又耗时，而且公司在为其提供预算方面也很吝啬。因此，发明工厂的实验能力始终受到约束，实验迭代的次数也受到限制。更确切地说，实验常常局限于验证已知的结果，在创新项目结束时进行实验是为了发现后期的问题。而当实验本身成为一件引人注目的事件时，例如在新商业模式的推出过程中，公司认为没有新的信息或惊喜就是成功，因此，实验根本没有促进学习。而真正的实验型组织不仅欣赏惊喜，还会珍惜和利用它们。

但是创新的局面正在改变。用于实验的数字工具（例如，仿真、在线 A/B 测试平台）十分普及，从而打破了成本瓶颈的束缚。这些工具不仅可以大幅削减时间与成本，而且使"假设"实验成为可能。到目前为止，这些实验要么极其昂贵，要么几乎不可行。例如，以一种特殊的方式设计一架飞机、一辆汽车或一次顾客体验会怎样？

---

① Millard, *Edison and the Business of Innovation*, 19.

第一章
为何商业实验卓有成效

这些工具不仅可以提供关于物理世界和人类行为如何运作的新知识，而且可以改变公司收获成果的方式，并最终开发出更好的技术。从这些工具中受益最多的行业是那些初始创新成本高的行业，如制造业和软件业。但是，随着计算成本的急剧下降，各种复杂的计算变得更快、更便宜。几乎所有企业都会发现，它们有更大的实验能力来研究产品、流程、客户体验以及商业模式的变化。

我们将在本章了解到各种能够加速学习的行之有效的活动。我们还将了解什么阻碍了学习——减缓实验脚步的管理和组织因素。我将在本章穿插介绍 1995 年新西兰"黑色魔术师"号在美洲杯帆船赛中爆冷获胜的案例。[1] 通过高速渐进主义的力量推动创新——在计算机仿真的辅助下进行小而快的对照实验迭代，新西兰队向我们展示了如何通过实验进行学习。此案例中的经验与在其他动态环境中（如 F1 赛车活动）和当今大多数企业取得成功的因素类似。[2]

商业实验过程

实验需要有针对性地操纵或改变感兴趣的变量并涉及可检验的

---

[1] 本章所有关于新西兰队的信息均来自 M. Enright and A. Capriles, "*Black Magic and the America's Cup: The Victory,*" Harvard Business School Case No. 796–187 (Boston: Harvard Business School Publishing, 1996); M. Iansiti and A. MacCormack, "Team New Zealand (A)," Harvard Business School Case No. 697–040 (Boston: Harvard Business School Publishing, 199); and M. Iansiti and A. MacCormack, "Team New Zealand (B)," Harvard Business School Case No. 697–041 (Boston: Harvard Business School Publishing, 1997)。

[2] S. Thomke et al., "Lotus FI Team," Harvard Business School Case No. 616–055 (Boston: Harvard Business School Publishing, 2016).

假设。相比之下，观察性研究不涉及此类操纵，因为出于实际原因或道德原因，感兴趣的变量超出了实验者的控制范围（例如，一家公司不应仅为了解病人愿意支付多少钱而对一种救命药物的可用性进行实验）。[1] 在一个理想的实验中，测试者将自变量（假定的原因）与因变量（观察到的结果）分离开来，同时保持所有其他潜在的影响因素不变，然后通过操纵前者来研究后者的变化。通过操纵自变量，再加上仔细地观察和分析，可以获得关于因果关系的见解，在理想状态下，这些见解可以应用到其他环境或在其他环境中进行实验。然而，在真实的商业环境中，情况要复杂得多。环境不断变化，变量之间的复杂关系很难理解，有时变量本身就不确定或未知。因此，我们不仅要在观察和实验之间来回切换，而且要在实验之间反复切换。

如果所有相关变量均已知，正式的统计技术可以对实验进行最有效的设计和分析，这些技术可以追溯到 20 世纪上半叶。当时，统计学家和遗传学家罗纳德·艾尔默·费舍尔（Ronald Aylmer Fisher）首次将它们应用于农业和生物科学研究中。[2] 今天，预订实验被用于

---

[1] D. Garvin, *Learning in Action* (Boston: Harvard Business School Press, 2000). 该文区分了探索性实验与假设 - 测试性实验。作者指出，前者是开放式的"假设"型的实验，而后者的目的是识别替代性解释。

[2] 多年来，有许多关于实验设计的书籍问世。蒙哥马利（Montgomery）的教科书提供了一个非常容易理解的概述，学生和从业人员广泛使用，参见 D. Montgomery, *Design and Analysis of Experiments* (New York: Wiley, 1991)。博克斯（Box）、亨特（W.Hunter）与亨特（S.Hunter）更为深入地介绍了实验设计的基础统计数据，参见 G. Box, W. Hunter, and S. Hunter, *Statistics for Experiments* (New York: Wiley, 1978)。对费舍尔的原作感兴趣的读者可以阅读他关于农业科学的经典论文("The Arrangement of Field Experiments," *Journal of the Ministry of Agriculture of Great Britain* 33 [1926]: 503–513）或是关于实验设计的经典著作 *The Design of Experiments*, 8th edition (Edinburgh: Oliver and Boyd, 1966)。

第一章
为何商业实验卓有成效

优化在线和离线商业环境中的流程、产品、商店布局、网站以及商业模式。

然而,如果自变量和因变量本身不确定、未知或难以测量,实验活动就会变得更加非正式或是暂时的。管理者感兴趣的是调整对员工的激励措施能否提高其生产率,或者零售经理想知道改变商店的布局能否提高销售额。有时这些试错的尝试也称作实验,但是不应将它们与本书描述的更严格的方法相混淆。这种非正式的、不可控的干预措施使反事实估计存在问题。如果在干预期间没有推出就业激励措施或是商店布局保持不变,会发生什么?换句话说,在这种情况下,我们无法确定因果关系,因为除干预措施外的其他变量(如员工的健康状况、商店的促销活动)可能影响实验结果。

商业实验的过程通常从选择或创建一个或多个可能的可检验假设开始,这些假设可能包括也可能不包括最可行的解决方案——因为没有人事先知道这些解决方案是什么。然后根据一系列要求和约束来检验这些假设。此类实验产生了实验者不知道(或无法知道)或无法预见的结果:错误或惊喜。然后,根据实验结果修改和提炼想法,并朝着可接受的结果前进。

新西兰队完美诠释了这一点。为了开发最终获胜的赛艇,设计团队根据先前的经验、专业知识和创造力提出了不同的概念(相关背景信息见"新西兰队与美洲杯")。他们借助 1:4 比例的模型在风洞和船模试验槽中测试了这些概念或假设。新西兰队的设计团队由美国人道格·彼得森(Doug Peterson)领导,他拥有 30 余年的经验,曾指导过数千艘船,包括 1992 年美洲杯帆船赛的冠军船,当时,他独自进行了超过 65 次原型测试和迭代。然而，1995 年，彼得森计划利用计算机辅助设计、建模和仿真等数字工具，因此他需要聘请这些领域的专家。

新西兰队与美洲杯

美洲杯帆船赛始于 1851 年，当时英国皇家赛艇舰队（Royal Squadron of England）向环怀特岛（英国海岸边的一座小岛）帆船比赛的获胜者颁发了一座奖杯。由于来自纽约游艇俱乐部（New York Yacht Club）的纵帆船"美洲号"击败了其他赛艇，这场比赛后来被称为"美洲杯"，以纪念其获胜者。多年来，这项比赛业已成为一项备受瞩目的国际体育赛事，它不仅考验团队的航海技能，还考验设计、制造和生产最强赛艇的能力。尽管赛事规则对船只的建造方式有严格的限制，但是拥有大量预算的团队历来都有优势。将每队比赛用船的数量限制为两艘，对费用的影响不大：在 1995 年的比赛中，估计七位挑战者和三位卫冕冠军的总开销为 2 亿美元。

1995 年的比赛有三轮。在前两轮，来自杯赛举办国美国的卫冕者与来自其他国家的挑战者同时争夺在第三轮与卫冕冠军竞争的权利。决赛开始之前，参赛队伍可以更改帆船的设计，第一名与第二名之间的差距往往不到一分钟。新西兰队的领队是世界上最优秀的远洋水手之一——彼得·布莱克。他立即采取了以团队为导向的低调方法，这与其他船队指令性的风格形成了鲜明对

第一章
为何商业实验卓有成效

比。布莱克的团队由大约50人组成,活动分为团队管理、设计和船员,由奥运会金牌得主罗素·库茨(Russell Coutts)担任船长。

在彼得森和赛艇专家彼得·布莱克(Peter Blake)的领导下,团队采取了强调迭代实验或称为实验轮的标准流程。这个流程包括三个阶段(见图1-1):产生可检验的假设,进行严格的实验,学习有意义的见解。①

图1-1 实验轮

---

① 其他研究者也使用了类似的学习模型,西蒙(Simon)将设计视作一系列"生成器-测试"周期,参见 H. A. Simon, *The Sciences of the Artificial*, 2nd edition (Cambridge, MA: MIT Press, 1969), chapter 5。K. Clark and T. Fujimoto (*Product Development Performance: Strategy, Organization, and Management in the World Auto Industry* [Boston: Harvard Business School Press, 1991]) 及 S. Wheelwright and K. Clark (*Revolutionizing Product Development* [New York: The Free Press, 1992]) 将"设计-建造-测试"作为产品开发过程中解决问题的框架。托姆科(Thomke)修改了这个框架,加入了"运行"与"分析"这两个明确的步骤,从概念上将实验的执行与在分析过程中发生的学习分开,参见 S. Thomke, "Managing Experimentation in the Design of New Products," *Management Science* 44, no. 6 (1998): 743–762。

产生可检验的假设

在第一阶段，回顾现有的数据、观察和先前的实验，通过头脑风暴产生新的想法，并提出假设。团队设计一组实验，通过可衡量的性能指标来测试假设。假设的强度十分重要，它需要可试验且可测量（第二章将详细讨论这一点）。就新西兰队而言，必须设计一艘在水中阻力尽可能小的轻型船只。同时，船只必须足够坚固和灵活，以承受最恶劣的条件：暴风与起伏的海面。

虽然桅杆和船帆是帆船的重要组成部分，但是团队关注的重点是船体和龙骨的形状。船体决定了船只的结构，因此有可能在性能上带来巨大的提升，但也有可能导致灾难性的结构故障。相比之下，船体下方的龙骨可以不断优化，许多增量变化的累积效应导致了速度巨幅提升，从而赢得比赛。在最初的假设生成阶段，团队通过头脑风暴提出了可以提高船只性能指标的不同设计方案，每个想法都是一种可检验的假设。

进行严格的实验

在这个阶段，实验者建立实验所需的（物理或虚拟）模型。模型是实验的生命线，从黏土汽车模型到仿真模型（发动机的数学表达式），到实物模型（用泡沫塑料制作的银行分行、网络界面的屏幕截图），再到角色扮演（服务互动），模型可以表现为多种形式。其目的是对现实情况进行模拟并收集反馈。实验可以在计算机上进行，在实验室条件下进行，也可以像在线交易那样在现场进行。就帆船的设计而言,风洞和船模试验槽(槽洞测试)模拟了不同的海洋条件,其优点是设计师可以控制实验环境,不必等待真正的天气变化,便可制造出风暴和巨浪。当然,代价就是实验室条件并不真实。由于实验室条件与真实情况有差异,也许无法发现真正的错误,或者会出现假错误。例如,在没有乘客的情况下,在汽车设计中用于测量安全气囊展开速度的装置可能无法检测到用于给安全气囊充气的气体可能存在意想不到的毒性,尽管关于这个错误的信息对汽车公司来说意义非凡。焦点小组也会出现错误(参见第二章的便携式音箱的案例)。

学习有意义的见解

在最后一个阶段,实验者分析证据,将其与预期结果进行比较,并调整他们对调查内容的理解。例如,统计分析可能会显示,如果预期结果为真,观察到的数据就不可能出现。大部分学习正是在这一阶段完成的,形成下一轮实验或整个实验项目的基础。可以利用强有力的证据来排除无效假设,即被测量的现象之间不存在关系;反之,弱的证据无法为这种排除提供支持。至少,创新者能够将失败的实验从潜在的解决方案中剔除,继续进行搜索。在这里,有一句拉丁谚语 *Quod gratis asseritur, gratis negatur*(无法提出可说服人的理由的论断,任何人都可将其推翻)十分适用。

如果结果令人满意或解决了提出的假设,实验者就会终止实验。[1]然而，如果分析表明结果不尽如人意，测试者可能会选择修改实验，进行迭代——再次尝试。修改可能涉及实验设计、实验条件，甚至是期望实现的解决方案的性质。例如，研究人员可以设计一个旨在找到一种新药的实验。然而，在给定化合物上获得的实验结果可能说明存在另一种治疗用途，从而导致研究人员改变他们对某种可接受或理想解决方案的看法。[2]随着项目的推进，迭代往往包括能提高保真度或代表性的模型。在产品创新中，这些更好的模型用于测试影响外观设计、功能、结构和可制造性的决策。在新的商店概念中，更高的保真度可能意味着改造后的商店中，产品贴有价格标签，存在实际客户流量与零售交易。

在现实世界中，具有高保真模型的实验受时间与预算的制约，新西兰队的道格·彼得森的话恰如其分地说明了这一点：

> 槽洞法是一个设计过程，在这个过程中，实验以爆发的方式进行。隔几个月后，你才会得到实验的结果。因此，可以进行的设计迭代的次数是有限的。由于时间和资金的限制，一个

---

[1] 西蒙指出，传统的工程方法倾向于使用更多的不等式（令人满意的性能规格）而不是最大值和最小值。它们能够帮助人们比较更好或更差的设计，但是并未提供确定最佳设计的客观方法。由于这种情况在现实世界的设计中经常发生，西蒙引入了"满意的解决方案"(satisfice)这一术语，表明一个解决方案满足而不是优化了性能指标（参见 Simon, *The Sciences of the Artificial*）。

[2] 治疗阳痿的药物"伟哥"就是一例。它是辉瑞公司（Pfizer）的科学家在英国桑威奇的研发实验室首次研发的。该药物最初的研发目的是缓解心绞痛。经过几次不尽如人意的临床试验之后，研究人员准备搁置该项目，直到他们观察到一种意想不到的副作用。尽管伟哥在疏通心脏动脉堵塞方面没有效果，但是一些服用了较大剂量的男性报告说勃起的情况比以前有所改善，而且更加频繁。持续测试和实验取得了成功，最终将一个失败的实验品变成了辉瑞公司最成功的药物之一。

典型的项目很少能负担 20 个以上的原型。在每个设计周期中，你都必须依靠性能的大幅提升。[1]

计算机仿真的魅力在于其迭代的速度和效率更高。团队可以赢，可以输，也可以快速学习。

能够加速学习的运营驱动因素

为了释放实验的真正力量，领先的公司现在每年都要测试数千乃至数万条假设，并快速转动实验之轮。让我们仔细研究运营驱动因素是如何运作的以获得这样的速度，以及企业如何影响它们。[2]

从低保真度开始

实验经常使用简化模型。例如，飞机设计师通过风洞——一种能产生高风速的装置，能够部分仿真飞机的预期工作环境——测试比例模型，从而对可能的飞机设计进行实验。简化模型的价值体现在两个方面：减少与实验无关的方面的投资，以及控制现实的某些方面以简化分析。因此，接受风洞实验的飞机模型通常没有体现内部设计细节，如机舱的布局，因为这些设计细节会增加建模成本，

---

[1] Iansiti and MacCormack, "Team New Zealand (A)," 3.
[2] 请注意，这些驱动因素不应互斥，也无法穷尽。相反，我们的目的是描述一组能够影响公司、团体以及个人如何从实验中学习的因素，因此这些驱动因素需要加以管理。

而且通常与测试结果无关,而这些测试的重点是快速流动的空气与模型外表面之间的相互作用。

在新西兰队的案例中,设计团队——一支由造船技师、设计师、工程研究人员、分析师和船员组成的多学科小组——依靠数字工具对槽洞测试加以补充。他们通过有限元分析(FEA)来分析结构特征,通过计算流体动力学(CFD)对赛艇关键表面的水流进行优化,并通过航速预测程序(VPP)预测特定风力和海洋条件下的船速。这些工具最初是为核工业和航天工业开发的,与部分或全尺寸的原型船相比,利用这些工具可以更便宜、更快速地开展实验。

保真度是一个术语,用来表示一个模型准确地代表一款产品、一个流程或一项服务的程度。实验者很少创建完美的模型(保真度100%的模型),因为他们要么不知道,要么无法以经济实惠的方式捕捉真实情况的所有属性,因此即使他们想,也无法将所有属性体现在模型上。如果低保真模型价格低廉并且可以快速生产,以用于获得"临时应急"的反馈或开展低成本的实验,那么,它们可能十分有用,这在创新项目的早期概念阶段通常已经足够。[1] 然而,就在线环境而言,可以在真实的环境中,在真实的客户身上进行具有(几乎)100%保真度的实验。必应或谷歌测试其在线搜索引擎的变化时,数以百万计的用户正在进行搜索并浏览广告,不知道自己是实验的一部分。事实上,现在已经没有单一的必应登录页面了,所有用户都参与了数十亿次的实验。

---

[1] M. Schrage, *The Innovator's Hypothesis: How Cheap Experiments Are Worth More Than Good Ideas* (Cambridge, MA: MIT Press, 2014).

第一章
为何商业实验卓有成效

毫不奇怪，新西兰队仍然依靠一些槽洞测试，因为据首席设计师彼得森的说法，"即使掌握了世界上所有的仿真数据，也没有人会在没有进行槽洞测试的情况下，投入 300 万美元建造帆船"。[①] 问题是，虽然证据表明，仿真在优化设计方面相当有效，但是团队计算机的运行速度不够快，无法仿真能够影响船体的复杂结构变化。相反，团队发现仿真在逐步优化船体和龙骨的形状方面特别有效。改进这些附件对整体船速有非常显著的影响。

归根结底，数字工具的优劣取决于指导它们的人和基础知识，因为没有什么仿真能够自动生成成功的解决方案。团队必须提出许多假设，这些假设最终决定了他们所追求的解决方案的质量。测试的即时反馈为他们提供了快速学习的机会。根据彼得森的说法，"CFD 程序无法在没有概念输入的情况下从头设计出一艘帆船。它不知道应该优化哪些参数。就像设计一个高尔夫球，让它在发球台上飞得越远越好。计算机不会告诉你，这个球应该有凹痕，但是如果你把凹痕作为一个设计参数，它会为你找到最佳的凹痕模式和密度"。[②]

由于比例模型带来的误差，新西兰队经历三次迭代，设计了 14 个模型。最终，设计师不得不在水中测试真实尺寸的船只。CFD 建议的变化中只有三分之一带来了船员眼中真正的性能改进。因此，团队通过结合槽洞测试、仿真以及真实尺寸船只在水中的测试，不仅获得了加快实验周期的好处，而且消除了低保真度模型可能造成的问题。

此类不完整的模型会导致两类意想不到的错误。当实验者"过

---

① Iansiti and MacCormack, "Team New Zealand (A)," 4.
② 同①。

度设计"一种产品或体验（包括没有影响的功能）时，假阳性会导致资源浪费。然而，假阴性可能会产生更严重的后果，因此实验者必须高度重视。尽管进行了大量有据可查的测试，却未能检测出 O 型环问题，这给挑战者号航天飞机以及美国的太空计划带来了灾难性的后果。[①] 挑战者号的灾难是历史上最为严重且广为人知的设计错误之一，它提醒人们优秀的实验必须使用越来越逼真的模型。

充分利用低成本实验

运行和分析实验的成本很高：设备、材料、设施、工程资源和其他方面都要花钱。如果汽车原型在碰撞测试中被毁，其增量成本可能高达数百万美元。在微软、谷歌和亚马逊等公司的在线实验中，成本几乎为零。一般来说，需要承担高实验成本的组织更不愿意尝试新的想法或明显背离现有的技术水平和实践条件。它们也会努力节约成本，许多变化会被合并到一些昂贵的测试中，这使确定因果关系变得非常困难。

想一想前面提到的实验轮。实验成本取决于可用的技术、关于现象的知识的成熟度以及模型的预期精确度。[②] 获得有意义见解的成

[①] O. Hauptman and G. Iwaki, "The Final Voyage of the Challenger," Harvard Business School Case No. 691–037 (Boston: Harvard Business School Publishing, 1991).

[②] 说到关于现象的知识，耶库马尔（Jaikumar）和博恩（Bohn）指出，[生产]知识可以分为八个阶段，从仅仅能够区分好流程和坏流程（但是只有专家知道为什么）到完整的程序性知识，其中所有的意外情况都可预测且可控，并且生产可以自动化。为实验建立模型本身会促使开发者阐明和推进他们关于系统及系统运作方式的知识，从而将知识提升到更高的阶段，参见 R. Jaikumar and R. Bohn, "The Development of Intelligent Systems for Industrial Use: A Conceptual Framework," Research on Technological Innovation, Management and Policy 3 (1986): 169–211。

第一章
为何商业实验卓有成效

本取决于能否获得与测试相关的信息和有助于解决问题的工具。想一想错误的发现以及为找到错误原因而采取的一系列诊断步骤。有时，设计者对一个模型有很深的理解，很快就能找到错误的原因。然而，很多时候，细小的错误使分析变得困难，设计者要依靠诊断工具的帮助。计算机仿真是一种有效的分析工具，因为它使得设计者很容易进行实验和获得模型。想想看，真正的车祸发生在一瞬间，即使有高速摄像机和装有仪器的汽车与受碰撞的假人，也很难观察到细节。相比之下，可以指示计算机以所需的速度仿真一次虚拟车祸，并且可以放大汽车的任何结构元件，以观察车祸发生时作用在它身上的力（及其反应）。[1]

专注于快速反馈

当行动能够得到及时反馈时，人们的学习效率最高。[2] 就像你正在学习如何弹钢琴，但是一天之后你才能听到自己的击键声！你怎么可能学会弹琴呢？更不用说学会如何演奏出任何可以在舞台上表演的东西了。然而，有太多的人必须等上几天、几周或几个月才能

---

[1] S. Thomke, M. Holzner, and T. Gholami, "The Crash in the Machine," *Scientific American*, March 1999, 92–97.

[2] 许多管理学者已经注意到反馈在学习中的重要性，包括 Garvin, *Learning in Action*; D. Leonard-Barton, *Wellsprings of Knowledge*: *Building and Sustaining the Sources of Innovation* (Boston: Harvard Business School Press, 1995); P. Senge, *The Fifth Discipline*: *The Art and Practice of the Learning Organization* (New York; Doubleday, 1990); J. Sterman, "Modeling Managerial Behavior: Misperceptions of Feedback in a Dynamic Decision-Making Experiment," *Management Science* 35 (1989): 321–339; and C. Argyris and D. Schön, *Organizational Learning*: *A Theory of Action Perspective* (Reading, MA: Addison-Wesley, 1978)。

验证他们的想法。时间流逝，注意力转移到其他问题上，当反馈终于到来时，那股子冲劲儿已经丧失，因果之间的联系也被切断。

爱迪生在 1887 年规划全新的西奥兰治实验室时，将供应室、仪器室以及机械车间安排在实验室附近。这种工作场所的设计是爱迪生"创新工程"的关键——这是一种工厂式的安排，支持对他的想法进行更系统和更有效的定义、完善和运用。事实上，爱迪生坚信，实验所需的所有材料、设备和信息都必须是现成的，因为延误会拖累员工的工作效率和创造力。一旦他或他的员工有了一个想法，就必须在灵感消失之前立即把它变成一个模型。图书馆有藏书十万册，因此可以迅速找到信息。这些设施的设计目的是促进机械师和实验人员开展密切的合作。之所以将精密机械车间安排在实验室旁边，是出于对速度的考虑——因为一旦有了新的想法，机械师可以迅速创建测试模型并提供反馈，这反过来又会促进新想法的产生。①

对于新西兰队来说，实验的快速反馈对于帆船开发来说不可或缺。在船体的性能改进空间越来越小之后，团队便将重点转移到优化龙骨附件以使阻力最小。通过微小的设计变化与水翼的设置，团队能够加快帆船的航行速度。实验的迭代周期为 24 小时，以保证能够提供快速反馈。团队提出了数百条改进建议，然后交由仿真团队加以分析。仿真中出现的最有希望的设计变化旋即被制成原型，第二天就在真实尺寸的帆船上进行测试。在真实的条件下试航，船员可以确定这些变化能否让人"感觉"更快，同时提高船只的性能。他们的反馈也推动了新改进意见的产生。团队的仿真专家大卫·伊

---

① Millard, *Edison and the Business of Innovation*, 9–10.

第一章
为何商业实验卓有成效

根（David Egan）回顾了快速反馈的重要性：

> 我们没有依靠几项大的飞跃成为冠军，而是依靠不断地设计、测试和完善我们的想法。团队经常就设计问题进行非正式讨论，在啤酒杯垫的背面画出一些示意图，然后让我计算。如果使用传统的设计方法，往往需要等上几个月才能得到结果，而到那时，我们的想法已经发生了很大的变化，实验的初衷早已被遗忘。[1]

增加实验容量

随着资源利用率的提高，制造和交易处理等重复性流程也在有序地进行。[2] 在这样的流程中，工作不会出现太大的变化，意外也很少发生。增加5%的工作量，完成时间就相应地延长5%。然而，具有高度可变性的创新过程却完全不同。随着资源利用率的提高，延迟时间会急剧增加。增加5%的工作量，完成时间可能会延长100%（见图1-2）。反之，增加5%的资源，反馈速度就会提升50%。

管理者大多不了解这种关系，因此，他们会过度使用资源。资源的高利用率会产生队列，部分完成工作的人闲坐无事，等待变得随处可见，反馈也会延迟。这使得组织很难及时响应不断变化的客户需求，很难在来得及补救前尽早发现错误的假设。即使管理者知

---

[1] Iansiti and MacCormack, "Team New Zealand (A)," 7.
[2] 这部分内容参考了 S. Thomke and D. Reinertsen, "Six Myths of Product Development," *Harvard Business Review*, May 2012，该文深入地探讨了产品开发队列的作用。

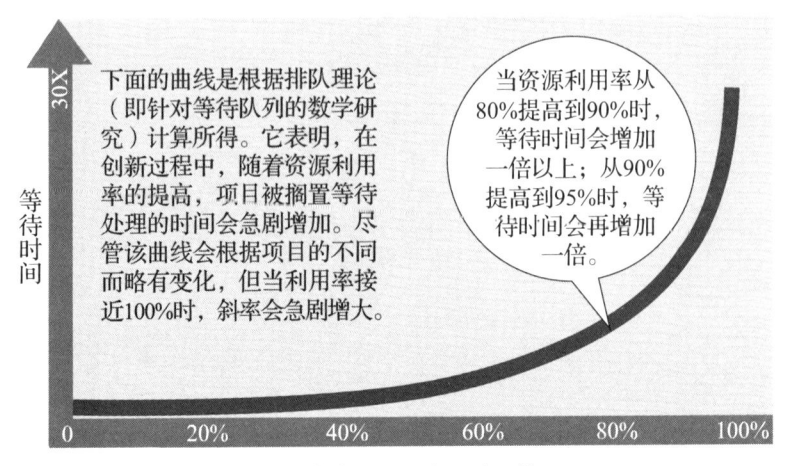

下面的曲线是根据排队理论（即针对等待队列的数学研究）计算所得。它表明，在创新过程中，随着资源利用率的提高，项目被搁置等待处理的时间会急剧增加。尽管该曲线会根据项目的不同而略有变化，但当利用率接近100%时，斜率会急剧增大。

当资源利用率从80%提高到90%时，等待时间会增加一倍以上；从90%提高到95%时，等待时间会再增加一倍。

图 1-2 高资源利用率导致反馈延迟

资料来源：S. Thomke and D. Reinertsen, "Six Myths of Product Development," *Harvard Business Review*, May 2012.

道自己正在创建队列，他们也几乎无法真正了解延迟的真实的经济成本。尽管成本可以量化，但是绝大多数公司都不会去计算。即使计算了，管理者也往往低估了快速反馈的好处。以我在一家欧洲制药公司的经历为例。与其他管理大型研发机构的高级管理人员一样，新上任的药品研发负责人正试图找到能够弘扬科学家创新精神的方法。他希望研发人员能够更多地测试新的化合物，从而找到有望获得成功的新药，同时，尽早淘汰没有希望的候选药物。然而，活体实验由动物实验部门负责，而这个部门不在他的管辖范围之内。动物实验部门是一个成本中心，对它的评价标准是其对于实验资源的使用效率，这自然会导致高利用率。因此，药品研发部门的科学家必须等待数月才能拿到测试结果，而这些测试往往只需一周多的时间便可完成。"管理良好"的测试组织延缓了研发部门的工作进展。

第一章
为何商业实验卓有成效

解决这类问题的显而易见的办法是扩容或改变管理控制系统（如对动物实验的快速反馈而非实验资源的高利用率进行奖励）。在图 1-2 的高资源利用率区域，即使是小规模的产能增加也会带来巨大的收益。[①] 一些公司通过创造过剩的产能——战略性冗余——来缓冲可变性也就不足为奇了。几十年来，3M 公司将其产能的 85% 划拨给创新计划。谷歌以其 20% 的冗余而闻名，它允许工程师每周抽出一天的时间做他们想做的任何事情，这也使得当工程师们的工作落后于计划的时候，有额外的产能可用。不足为奇的是，一些批评家声称这种做法效率很低，因为工程师在需要做什么方面所获的指导很少，或者公司并不指望他们在那一天交付任何东西。

在与管理者讨论时，我一直直截了当：安装具备大量测试功能的基础设施是开展快速实验的必要条件。正如我们将在本书中所看到的那样，仿真和在线 A/B/n 测试平台已经极大地降低了实验成本，并将瓶颈转化为提出问题和吸收知识的能力。如今，安装实验设备的成本与不进行大规模实验的机会成本相比，相形见绌。就这么简单。

运行并行实验

组织可以按顺序或同时进行实验。如果解决方案的确定涉及一个以上的实验，从之前的迭代中获得的知识可以作为下一个实验设计的重要输入。一旦出现这种情况，就需要按顺序进行实验。相比

[①] 排队系统的这一特性常常让管理者感到惊讶，尽管大多数有关运营管理的教科书对此均有阐述。关于排队理论及其在产品开发中的应用，参见 D. Reinertsen, *Managing the Design Factory* (New York: Free Press, New York, 1997), chapter 3。

之下，如果某个实验不因先前的实验结果而改变，那么这些实验可以同时进行。例如，你可以按照实验设计的原则，从预先计划好的一系列网页变体入手。[1] 在对整个系列进行分析之后，再进行一个或多个额外的验证实验。初始阵列中的实验被视为同时进行的实验，而第二轮实验相对于初始阵列则是按顺序进行的。对于领先的网络公司来说，同时运行数百个实验的做法并不罕见。领英（LinkedIn）同时运行 500～1 000 个实验，具体取决于一年中所处的时间。[2] 缤客每天在其网站、服务器和应用程序上运行 1 000 多项并行测试。[3] 由于许多在线实验持续两周左右，这两家公司每年运行的实时实验超过 10 000 个——规模极为庞大。

1993 年 11 月至 1994 年 5 月期间，新西兰队经过三次连续迭代，为槽洞测试创建了物理原型，建造了 14 个按比例缩小的模型。因为建造和测试原型需要两个月的时间，所以根本没有足够的时间采取纯粹的顺序学习策略。每次迭代构建多个原型的优势使他们能够更快地测试各种变体，放弃最没有希望的候选模型，并继续推进最有希望的设计。

这里需要权衡：并行实验速度更快，但是它不能通过迭代进行学习。结果就是，一旦运行并行实验，得到解决方案所需的测试数量通常要大得多，不过找到解决方案的速度也有可能更快。相比之

---

[1] Box, Hunter, and Hunter, *Statistics for Experimenters*; Montgomery, *Design and Analysis of Experiment*; and Fisher, *The Design of Experiments*.

[2] 领英的信息由伊沃尔·博吉诺夫（lavor Bojinov，研究科学家）等于 2019 年 3 月 18 日提供。

[3] S. Thomke and D. Beyersdorfer, "Booking.com," Harvard Business School Case No. 619–015 (Boston: Harvard Business School Publishing, 2018).

第一章
为何商业实验卓有成效

下,如果采取顺序策略,找到方案所需的时间更长,但是需要的测试更少,这取决于团队期望通过每次迭代学到的内容的多寡。例如,如果需要在 100 把钥匙中找到正确的那一把,你既可以一把一把地尝试,也可以准备 100 把同样的锁(只要预算允许),一次尝试所有的钥匙。由于这些实验可以学到的东西很少,平均而言,顺序策略需要进行 50 次实验,只需要一把锁的费用,但是要多花 50 倍的时间。[1]

理解高速渐进主义

并非所有的实验都是一样的。人们通常认为,调整变量会使性

---

[1] S. Thomke, E. von Hippel, and R. Franke, "Modes of Experimentation: An Innovation Process and Competitive Variable," *Research Policy* 27 (1998): 315–332. 该文作者通过以下思想实验展示了这种权衡的本质。以一个非常简单的搜索为例,其中已知某景观的地形由 n 个点组成,除了代表正确解决方案的具有垂直面的窄塔之外,可以将其视为平坦的。纯粹的平行实验策略要求所有实验及测试同时进行。因此,人们无法将从一次实验中学到的东西应用到下一次实验中。尽管这种方法需要进行大量实验(n),但是由于所有实验都是平行进行的,大大减少了总的开发时间。因此,大规模并行实验是成本最高但也是速度最快的策略。相比之下,适用于该样本问题的顺序策略使实验者能够从每次实验中学习,并在掌握了新知识的情况下仔细选择下一次实验。平均而言,具有最小化学习成本的策略(即不重复已经失败的实验)可以将所需的实验总次数减半,但是相对于纯粹的平行方法,这将大大增加总的开发时间。当然,如果有机会从每次实验中获得更多的知识,那么找到解决方案可能需要的系列实验的次数将进一步减少(因此总时间也会减少)。例如,以一个非常有利的学习场景为例,其中按照线性标度安排了 n 次实验(例如,n 种不同的压力设置),并且每次实验之后,人们可以知道接下来该往标尺的哪个方向移动。因此,在每个实验周期结束后,人们都可以有效地将搜索空间缩小 50%,并迅速找到最佳解决方案。实验者可以从 $n/2$ 处(中点)开始尝试,根据第一次实验的结果,向 $n/4$ 处或 $3n/4$ 处移动,如此反复,直至找到解决方案。此类搜索的一个实际案例是系统问题识别实践:经验丰富的电子技师会从系统中部入手,找到坏的那一半,然后再进一步搜索,直到找到问题为止。我们可以很容易地看到,使用这种新策略(最小化学习成本),获得成功所需的实验次数可以减少到 $\log_2 n$——成本大幅下降。然而,总开发时间将超过同级的纯并行策略。

能发生微小的变化，此类变化在产品与流程的增量改进中十分常见。相比之下，较大的变量变化或引入新的变量可以增加发现更大改进的机会。我们无法预知未来。但是，成功也意味着正确地做出许多小的改变，并且快速地实现这些改变，这样就能获得更大的性能改进。网络世界就是一个很好的例证。客户转化率提高5%，乘以10亿用户，就能对企业收入产生巨大影响。

新西兰队的帆船开发过程再次展现了高速渐进主义的力量。团队知道，针对船体设计进行实验可以带来最大的性能改进，但是这一过程非常缓慢，而且船只在真实的海洋条件下面临着较高的破裂风险。在花了几个月的时间对不同船体的比例模型进行并行的槽洞测试之后，团队开始面临收益递减的问题。正如一位成员所描述的那样：

> 我们对船体和龙骨进行了稳健的设计。我们已经大大减少了概念设计的阻力，但是现在，每一［轮］新原型带来的改进越来越小。根据我们刚刚得到的结果，第三组原型测试产生的改进还不到第二组的一半。一个强有力的论点是，现在最有改进潜力的是龙骨附件，我们可以通过设计与安装水翼进行大量的改进。然而，要进行这些实验，你必须把一艘真正的帆船放入水中。[1]

距离比赛开始只有八个月了，团队的策略开始转向渐进式改变，总的来说，每次一小步，积累起来，就能取得巨大的性能改进。实

---

[1] Iansiti and MacCormack, "Team New Zealand (A)," 7.

第一章
为何商业实验卓有成效

验以 24 小时为一个周期,一个周期内大约三分之一的时间能够提高两到三秒,而竞争团队则依赖两个月左右测试一次所带来的大变化。对新西兰队来说,高速渐进主义意味着好主意可以快速得到实施并带来性能改进,坏主意可以快速淘汰。24 小时的周期也赋予了团队一种能够在变化无常、竞争激烈的环境中提高敏捷性的工作节奏(见图 1-3)。即使提高了敏捷性,团队仍然拥有可以通过学习进行调整的系统性实验计划。美国总统艾森豪威尔(Eisenhower)的话十分在理:"计划一无是处,但是制订计划却不可或缺。"[1] 拳击手"铁人"迈克·泰森(Mike Tyson)也曾说过:"在被迎面痛击之前,每个人都有一套自己的计划。"新西兰队每天都会遭受实验的痛击,因此他们可以调整方向,再次尝试。

每一次迭代都涉及实验,这些实验给出了团队可以响应的反馈。敏捷性源自比竞争环境中的变化更快的响应速度。

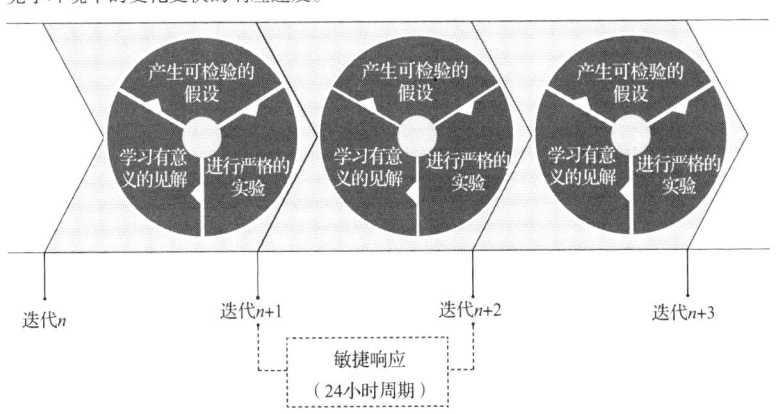

图 1-3 新西兰队:通过迭代实验提高敏捷性

---

[1] W. M. Blair, "President Draws Planning Moral: Recalls Army Days to Show Value of Preparedness in Time of Crisis," *New York Times*, November 15, 1957, 4.

使用控件

最后一个因素,也是一个经常被忽视的因素,就是模糊或过度的反馈"噪声"会阻碍学习。如果变量不受控制或无法控制,或是由于实验成本太高,一个或几个测试需要处理许多变量,就会出现噪声。无论哪种情况,都很难识别因果关系。什么与什么相互作用?可悲的结果是,加载了太多变量的实验往往需要重新设计和重新运行,因此非但无法削减成本,反而会使实验变得更加昂贵。

在一项关于半导体制造业学习的研究中,罗格·博恩(Roger Bohn)发现,与噪声水平较高的工厂相比,在噪声水平较低的生产车间工作的员工从实验中学习的效率可能要高得多。[1] 他收集了五家工厂的数据发现,忽略3%的噪声,产量提高的概率约为20%,这是一个很大的数字,因为第一年的产量提高通常为0.5%～3%。这项研究的结论是,对于处理这些高水平噪声来说,粗暴的统计方法是无效或者昂贵的。最近一项衡量广告回报的研究也得出了类似的结论。客户层面的销售数据极不稳定,很难以合理的置信度进行评估。在噪声水平如此之高的环境中,即便是最佳实验实践的最小偏差(例如,选择偏差)也会使测试失去意义。也许作者的结论——直到最近,相信广告和促销的有效性在很大程度上仍是一个信仰问题——在今天的许多情况下仍然成立。[2]

---

[1] R. Bohn, "Noise and Learning in Semiconductor Manufacturing," *Management Science* 41(January 1995): 31–42.

[2] R. Lewis and J. Rao, "The Unfavorable Economics of Measuring the Returns to Advertising," *Quarterly Journal of Economics* 130, no. 4 (November 2015): 1941–1973.

第一章
为何商业实验卓有成效

解决噪声问题需要使用实验控件。凯撒娱乐（Caesars Entertainment）前首席执行官加里·拉夫曼（Gary Loveman）也是在酒店和赌场业务中进行实验的早期倡导者，他认识到增加控制并不是人们的本能。他在接受《麻省理工科技评论》（*MIT Technology Review*）采访时，解释道：

> 比方说，某处房产的收入低于预期，人们认为自己知道原因。他们没有通过实验来检验这个原因，也没有使用对照组，无法控制"噪声"对因果识别的影响。这种急躁和傲慢破坏了我希望我们遵守的规则。精心设计的实验是检验这个原因的更好的方法。[1]

拉夫曼向他的员工传达了一条明确的信息，他打趣说，员工会因三种原因被公司解雇：偷窃、性骚扰以及在没有对照组的情况下做实验。[2]

对于新西兰队而言，噪声是一个大问题，因为他们需要在真实的条件下测试帆船性能的变化。虽然实验室条件下的槽洞测试与计算机仿真使团队能够控制风和海洋运动等外部条件，但将一艘真实尺寸的帆船与真正的船员放入大海，经受不断变化的风和天气的考验，使得从实验中学习变得非常困难。只有当团队能够控制影响性能的条件时（这几乎是一项不可能完成的任务，因为他们必须在整

---

[1] M. Schrage, "Q&A: The Experimenter," (February 18, 2011).
[2] 同①。

个过程中检测出大约两到三秒钟的变化），才有可能让一艘设计有变化的帆船竞速，再让没有设计变化的帆船竞速。两次实验之间风速微小变化的影响很容易掩盖设计变化的影响，从而使实验变得毫无价值。船员不得不多次重复同样的实验，以平均风、海和船员状态等干扰因素对性能的影响，这些因素会显著影响团队的速度。

为了快速学习，新西兰队决定建造两艘可以组合使用的帆船来测试龙骨的迭代。在为数不多的选择投资两艘帆船的队伍中，新西兰队是独一无二的，他们选择建造两艘非常相似的帆船，以便就设计变化进行对照实验。有了一艘帆船作为对照组，他们可以在每艘帆船上安装不同的龙骨设计，让两艘帆船比赛，然后测量其性能的差异。为了尽量减少船员因素的影响，船员可以交换龙骨以测试性能的差异是否仍然存在。采用对照组的优点是可以将干扰因素的影响降至最低，因为两艘帆船在相同的干扰因素下运行。遵循这种实验策略会增加团队的实验成本，但最终，在第一场比赛前的六个月里新西兰队最大限度地提高了学习效果和帆船的性能。

最终，正是严格的实验给新西兰队带来了竞争优势。大自然回答了我们提出的问题，但这个答案未必是我们想知道的，也不一定能够快速得到，除非实验的运营驱动因素能够得到管理（见表1-1）。

表1-1　能够加速学习的运营驱动因素

运营驱动因素	定义
保真度	模型及其测试条件在多大程度上代表了实际使用或市场条件下的最终产品、服务、流程或商业模式。

第一章
为何商业实验卓有成效

续表

运营驱动因素	定义
成本	进行实验的总费用,包括模型、市场测试等费用。
持续时间	从开始实验到获得可用于分析的结果的时间。
容量	每个时间段可以进行的相同保真度的实验的数量。
并行性	实验同时或依次进行的程度。
操纵	干预的程度(渐进式与激进式变化)。
控制	尽量减少实验处理以外的变量("噪声")影响的能力。

罗纳德·费舍尔的女儿琼·费舍尔·博克斯(Joan Fisher Box)强调了在现实世界的汹涌海洋中进行实验的挑战:

> 科学实验的所有技术与实践是对自然界的巧妙探索。观察使科学家获得了自然界某方面的图景,它具有自愿陈述的所有不完善之处。科学家希望通过提出旨在确定因果关系的具体问题来检验他对某一说法的解释。以实验操作的形式呈现的问题必然是特殊的,必须依靠大自然给出的前后一致的响应,从大自然在特定情况下的反应中做出一般的推论,或者预测其他情况下类似操作的预期结果。[①]

费舍尔·博克斯明白,实验是对大自然的提问,问题越好,答案就越好。优秀的实验不仅涉及运营驱动因素,还需要精心设计的假设。她继续说道:"科学家的目标是从他获得的证据中得出具有一

[①] Box, cited in Pearl and Mackenzie, *The Book of Why*, 144.

定精确性和普遍性的有效结论。然而，大自然的行为根本不一致，其回答显得摇摆不定、忸怩作态、模棱两可。大自然对现场提出的问题的形式做出响应，而不一定是对实验者头脑中的问题做出响应；大自然不做出解释；不提供无谓的信息；非常注重准确性。"[1]

本章介绍的主题是能够加速从实验中学习的运营驱动因素，那么如何真正学会做好实验？我们需要问什么问题？数字经济如何改变实验？如何着手组织和建立实验文化？我们将在接下来的章节中探讨这些问题。

---

[1] Box, cited in Pearl and Mackenzie, *The Book of Why*, 144.

第二章
EXPERIMENTATION
WORKS

什么是优秀的商业实验

2016年,杰夫·贝佐斯难得地向股东展示了亚马逊的创新引擎。他在年度信中解释道:"我认为我们与众不同的地方就是我们对待失败的态度。我相信我们这里是全世界最适合失败的地方(我们有大量的实践!),失败与发明犹如密不可分的双胞胎。想要创新,就要实验。如果事前已经知道它会成功,那就不是实验。很多大型组织都想要创新,却又不愿承受创新路上躲不开的一连串失败的实验。"

贝佐斯并没有就此止步。对他来说,容忍甚至自寻失败的商业逻辑源自成功带来的丰厚的经济回报。他解释了为什么实验对亚马逊的增长模式而言至关重要:

> 丰厚的回报往往源自与传统智慧的对赌,而传统智慧在大多数情况下都是正确的。如果有10%的机会能够获得100倍的回报,你应该放手一试,虽然十有八九你会遭遇失败。我们都知道,如果你的目标是全垒打,你可能经常被三振出局,但也能击出一些全垒打。然而,棒球与商业的区别在于挥棒之后可能出现的结果是有限的。无论挥棒时你的表现有多好,你最多只能得到4分。在商业实践中,当你每隔一段时间踏上本垒板时,最多可以拿到1 000分。这种收益的长尾分布是我们需要勇敢大胆的原因。[①]

[①] 美国证券交易委员会(SEC)档案(2016):2015年亚马逊CEO贝佐斯写给股东的信。

通过贝佐斯所说的"试图动摇我们信念的不寻常的事情"这一过程，商业实验已然成为亚马逊决策方式中不可或缺的一部分。毕竟，人类极其喜欢能够证实自己既存信念的证据。然而，这种认知偏误阻碍了创新决策，就创新而言，大多数想法都是行不通的。因此，在贝佐斯写完这封信的 14 个月后，亚马逊收购全食超市（Whole Foods）（这在一定程度上是为了将其实验提升一个档次）也就不足为奇了。行业观察家认为，实体超市可能会成为激进实验的实验室。因此，全食超市竞争对手的股价应声暴跌。[①] 此类激进的商业实验，即所谓的"大波动"，以及同样重要的成千上万项较小的严格实验（这些实验使其网店的用户体验得到了高度优化）共同造就了亚马逊无畏创新的名声。

推行商业实验的理由如此令人信服，为什么没有更多公司对其风险颇高的全面改革或成本高昂的创新建议进行严格的测试，以便做出更好的决策？为什么高管依靠等级制度、说服力或 PowerPoint 做出商业决策，而不是在敲定方案之前要求团队提供实验证据？显然，文化阻碍了实验的进行。此外，管理者也经常滥用术语，他们常把"我们实验"，而不是"我们正在尝试新的东西"挂在嘴边，却未对获得有用测试结果所需的严格性与严谨性进行足够的思考。在最过分的情况下，某些项目或商业计划在结束之后摇身变成了"实验"，以此作为执行不力的借口。

但是我也发现，许多组织不愿资助优秀的商业实验，实验执行

[①] A. Jesdanun, " Amazon Deal from Whole Foods Could Bring Retails Experiments, " *Washington Post*, June 16, 2017.

第二章
什么是优秀的商业实验

起来相当困难。实验过程看似简单，实施起来却异常困难，因为人们需要应对无数的来自组织、管理和技术层面的挑战。而且，大多数针对新业务计划的测试都过于随意，并未以经过验证的科学和统计方法为基础，从而导致高管最终将统计干扰误认为因果关系，进而做出错误的决策。第一章探讨了能够加速学习的运营驱动因素。但是，提速并不能保证决策的质量，公司可能只是更快地做出了更多的决策。本章将探讨公司如何通过系统地遵循一系列清晰的原则来开展优秀的实验。[1]

正如我们前面所看到的那样，在一个理想的实验中，实验人员既能够将自变量（假定的原因）与因变量（观察到的结果）分开，又能保持所有其他的潜在的影响因素不变。然后，他们通过操纵自变量来研究因变量的变化。操纵以及后续的仔细观察与分析可以帮助我们深入了解因果关系，理想情况下，这些因果关系可以在其他环境中应用和测试。为了获得这种知识，并确保每个实验都能促成更好的决策，公司应该问自己七个重要的问题：（1）实验是否具有可检验的假设？（2）利益相关者是否承诺接受实验结果？（3）实验是否可行？（4）怎样才能确保实验结果是可靠的？（5）我们是否了解因果关系？（6）我们是否从实验中获得了最大的价值？（7）实验真的能推动我们的决策吗？表2-1列出了这七个方面更具体的问题。尽管有些问题似乎显

---

[1] S. Thomke and J. Manzi, "The Discipline of Experimentation," *Harvard Business Review*, December 2014. 本章大量借鉴了这篇文章中的措辞、概念和示例。本章中的其他示例，除非另有说明，均来自作者对管理者的采访，并获得了公司指定人士的批准。

而易见，但许多公司在尚未完全解决这些问题的情况下就进行了测试。

表 2-1 进行良好的商业实验需要回答的问题

1. 假设	• 实验的重点是不是拟议的可检验的管理行为？ • 是否具有可测量的变量，或者能否证明实验是错误的？ • 人们希望从实验中学到什么？
2. 认同	• 可以根据实验结果做出哪些具体的改变？ • 组织如何确保实验结果不被忽视？ • 实验如何融入组织的整体学习议程和战略优先事项？
3. 可行性	• 实验是否具有可检验的假设？ • 所需的样本量是多少？注：样本量取决于预期效果（例如销售额增加5%）。 • 组织能于要求的时间内在测试地点进行实验吗？
4. 可靠性	• 通过什么措施来解释有意或无意的系统偏误？ • 对照组的特征是否与实验组一致？ • 能否以盲选或双盲的方式进行实验？ • 是否已经通过统计分析或其他技术消除了任何残留的偏见？ • 其他人进行同样的实验也会得到类似的结果吗？
5. 因果关系	• 是否找到了所有可能影响结果的变量？ • 能否将具体的干预措施与观察到的结果联系起来？ • 证据的力度如何？相关性只能暗示因果关系。 • 如果没有因果关系的证据，能否放心采取行动？
6. 价值	• 组织是否考虑过有针对性的推广——考虑到拟议的措施对不同客户、市场和细分市场的影响——以便将投资集中在潜在回报率最高的领域。 • 组织是否只实施了建议中潜在回报率最高的那一部分？ • 组织是否对于哪些变量导致了哪些影响有着更深的了解？
7. 决策	• 我们是否承认，并非所有的商业决策都可以或应该通过实验来解决，然而，凡是可以实验的决策都应该进行实验？ • 能否利用实验证据来提高决策过程的透明度？

第二章
什么是优秀的商业实验

问题1：实验是否具有可检验的假设？

如果实验是回答有关拟议管理措施的具体问题的唯一可行方法，而答案还不明显的话，公司就应该进行实验。[①] 以大型零售企业美国科尔士百货公司为例，2013年，它一直在寻找降低运营成本的方法。其中一条建议是周一至周六推迟一小时开门。公司高管在这件事上意见不统一。一些人认为，缩短营业时间会导致销售额大幅下降；另一些人则声称此举对销售额的影响很小。解决争论的唯一方法是进行对照实验（参见"什么是对照实验？"）。一项涉及公司100家商店的实验表明，推迟开门时间不会导致销售额出现明显的下滑。

什么是对照实验？

在对照实验中，对照组是指不接受自变量处理的组，即保持当前的做法（例如，某个在线广告的呈现方式）。实验组是指接受自变量处理的组，即对当前做法进行了某些改进（例如，对上述在线广告做出某些改变，如更换标题的颜色）。用户样本随机分入对照组与实验组，实验人员计算感兴趣的结果变量（例如，收入）的样本平均值。实验结果是样本平均值之间的差异。

[①] 对公司而言，进行一项结果显而易见的实验即使有价值，价值也微乎其微。例如，旨在确定减少收银台是否会影响高峰时段顾客等待时间的实验有着显而易见的结论：会！除非管理层想研究收银台的详细成本和时间权衡，否则这项实验就毫无意义。

在确定是否需要实验时，管理者必须首先弄清楚他们到底想要学习和测量什么。只有这样，他们才能决定实验是不是获取答案的最佳途径，如果是的话，实验的范围应该是怎样的。就科尔士百货而言，需要检验的假设十分明确：推迟一小时营业不会导致销售额大幅下降。这被称为原假设，即没有可测量的变化时的默认陈述。通常认为原假设是可靠的，除非经验证据表明事实并非如此。如果实验结果具有统计学意义，这仅仅意味着观察到的（样本平均值）下降不太可能是偶然的结果。同样，如果结果不具有统计学意义，也不能证明实验方法没有效果，它仅仅意味着观察到的变化或样本量不够大，不足以支持具有充分置信度的发现（与相关的决策）。

有必要指出科学方法的一条重要原则，即实验可以反驳一项假设，但无法证明一项假设。爱因斯坦对科学方法的这条重要原则做出了精辟的表述："再多的实验也不能证明我是对的；但是一个实验就能证明我错了。"① 因此，如果重复的严格实验无法驳倒原假设，就可以确立一个新的事实。对于科尔士百货来说，管理层的假设"推迟一小时营业不会导致销售额大幅下降"未被证实，也没有被证伪。②

---

① A. Calaprice, *The New Quotable Einstein* (Princeton, NJ: Princeton University Press, 2005).

② 证伪，即证明某事错误的能力，是科学认识论中的重要概念。哲学家卡尔·波普尔（Karl Popper）提出证伪概念，旨在区分科学和伪科学。例如，只需一则谎言便可证伪"政客从不说谎"，但是无法证明该假设普遍为真。相比之下，"说谎的政客会下地狱"则是无法检验的陈述，也无法被反驳，因此是不科学的。尽管并非人人都赞同波普尔的观点，但是通过证据进行检验应该是管理决策的基础，参见 K. Popper, *The Logic of Scientific Discovery* (New York: Basic Books, 1959).

第二章
什么是优秀的商业实验

然而,很多时候,公司缺乏推敲假设的准则,导致实验效率低下,成本过高,更糟糕的是,无法有效解决手头的问题。弱假设,如"我们可以将品牌拓展到高端市场",没有提出可供测试的特定的自变量来测试特定的因变量,也无法产生可衡量的结果,因此,无论是支持还是反驳都不容易。一个好的假设有助于描述这些变量并提供衡量指标,强假设和弱假设的区别见表2-2。物理学家威廉·汤姆森(William Thomson),也就是众所周知的开尔文男爵和"热力学之父",对于科学和知识的看法是:"如果你能测量你所说的东西并对其加以量化,你就对它有所了解;但是如果你无法进行测量,无法量化,你的知识就是贫乏且不尽如人意的:它可能是知识的开端,但是在你看来,你几乎没有推动科学的进步,无论那件事情可能是什么。"[1]

表2-2 强假设和弱假设的区别

	强假设	弱假设
来源	定性研究、客户洞见、问题、观察、数据挖掘、竞争对手	并非基于观察或事实的猜测
变量	找出可能的因果关系	可能的原因或结果未知
预测	可以证明是错误的	难以反驳,模糊不清
测量	可量化的衡量指标	定性的结果
验证	(带假设的)实验可复制	实验难以复制
动机	对业务成果有明确的影响	自变量与业务成果之间的关系不明确
示例	"推迟一小时营业不会导致销售额大幅下降"	"我们可以将品牌拓展到高端市场"

---

[1] W. Thomson, *Popular Lectures and Addresses*, vol. 1 (London: MacMillan, 1891), 80.

如果管理科学是关于通过可检验的解释与预测来建立和组织知识,那么"可衡量才可管理"这个颇有争议的说法应该改为"可衡量才可探索(希望可理解)"。

好的假设往往来自客户洞见:定性研究(如焦点小组、可用性实验室)、分析(如在客户支持数据中发现的模式),甚至是意外发现。以财务软件公司财捷集团为例。当时一位工程师注意到,大约50%的潜在客户会在发放工资前20分钟试用公司的小企业产品。[1] 问题在于,所有薪资管理公司都需要几个小时甚至几天的时间来审批新客户,然后才能发放第一笔工资。如果潜在客户能在漫长的审批过程结束之前发放工资,他们不是会非常高兴吗?为了确保确实存在这样的需求,工程师和产品经理进行了可用性研究。结果显示,20名参与者中没有人对快速发放工资的解决方案感兴趣。但是财捷集团并未搁置这一想法,而是在24小时内修改了网页并进行了一项简单的实验,提供了两个版本的软件,用户可以选择"优先发放工资",也可以选择"优先进行设置"。(如果用户选择"优先发放工资",就会收到一条消息,提示该功能尚未开放。)与可用性实验结果相反,该实验显示58%的新用户选择了"优先发放工资"选项。最终,这个功能大受欢迎,软件的客户转换率提高了14%,产生了数百万美元的额外收入。

该团队还发现,测试客户的实际行为比相信他们所说的话更重要。在客户焦点小组中遇到这种说与做的差异并不罕见。飞利浦在对青少年进行焦点小组调查,以评估他们对一款便携式音箱的颜色偏好时便意识到了这个问题。在调查过程中,大多数青少年将黄色

---

[1] 2018年2月29日对斯科特·库克的采访。

第二章
什么是优秀的商业实验

选作首选色。调查结束后,这些青少年可以收到一只音箱作为奖励,有黄色与黑色两种颜色可供选择。大多数参与者选择了黑色,尽管当他们的偏好被作为一个假设的问题提出时,他们选择了黄色。[1] 一旦涉及行为,通常最好以实验结果为准。

焦点小组中的言行差异

在许多情况下,高管需要跳过某项举措的直接效果,调查其附带影响。例如,连锁超市家庭美元(Family Dollar)在购入冷藏设备,以便销售鸡蛋、牛奶和其他易腐食品时,发现了意外的附带影响即传统干货的销售额也出现了增加,因为冷藏食品为超市引来了更多顾客,这实际上会对利润产生更大的影响。附带影响也有可

---

[1] R. Cross and A. Dixit, "Customer-Centric Pricing: The Surprising Secret of Profitability," *Business Horizons* (2005): 483–491. 许多公司都有过飞利浦和财捷这样的经历。客户之所以会出现言行不一的现象,主要是由以下几个原因。首先,除非客户能够看到或用过原型产品或体验过服务,否则他们很难想象出一款产品或一项服务是怎样的。有时,选择高度依赖环境,这可能无法在公司会议室进行的焦点小组讨论中得到体现。在寒冷的冬天与炎热的夏天,我对冰水与热咖啡的偏好(以及我的支付意愿)是不同的。进行一次实验比单纯的焦点小组讨论或客户调查更有可能发现客户言行之间的差异。

能是负面的。几年前,遍布美国中大西洋地区的连锁便利店瓦瓦(Wawa)想推出一种在抽样测试中表现良好的薄松饼早餐。然而,这项计划最终胎死腹中,因为一项严格的实验——包括实验组和对照组,随后进行回归分析——表明新产品可能会将其他更有利可图的产品挤出市场。[1]

问题 2:利益相关者是否承诺接受实验结果?

在进行任何实验之前,利益相关者都必须就拿到实验结果之后应该如何行动达成一致。他们应该承诺权衡所有结果,而不是挑出支持特定观点的数据。也许最重要的是,他们必须愿意放弃数据不支持的项目。然而,这说起来容易做起来难。

当科尔士百货考虑是否新增家具这一产品类别时,许多高管都表现出极大的热情,期待能够获得可观的额外收入。然而,在 70 家门店进行的为期 6 个月的测试表明,营业收入出现了净下降。(为了给家具腾出空间)一些商品的陈列空间受到挤压,这些产品销量下滑,而且实际上科尔士百货的顾客群体正在流失。这些负面的结果令支持销售家具的人倍感失望,项目最终还是被叫停了。科尔士百货的案例强调了这样一个事实,即通常需要通过实验来对由具有组织影响力的人所支持的计划进行客观评估。当然,即使假设并未获得数据的支持,也可能有充分的理由推出一项计划。例如,实验表

---

[1] D. McCann, "Big Retailers Put Testing to the Test," CFO.com, November 8, 2010.

第二章
什么是优秀的商业实验

明无法显著提高销售额的项目可能是提高客户忠诚度所必需的。但是,如果拟议的计划已经完成,为什么还要花时间和费用再进行测试呢?在这种情况下,最好的办法是按照项目的性质加以区分:推出、承诺或实施。(可复制就是一块可能的试金石:如果一个新的项目无法轻易复制,它肯定不具备实验最基本的属性之一。)

为了确保组织能够接受实验结果,必须有一个流程来保证实验结果不被忽视,即使它们与高管的假设或直觉相悖。在美国东南部的连锁超市大众超级市场,几乎所有的大型零售项目,尤其是需要大量资本支出的项目,都必须经过正规的实验测试才能获得批准。提案需要通过筛选流程,第一步是由财务部门分析某项实验是否值得进行。对于值得进行实验的项目,分析专家需要开发测试设计,并提交给包括财务副总裁在内的委员会审批。通过审批后,内部测试小组进行实验。财务部只批准符合该流程且实验结果良好的拟议计划的大额支出。大众超级市场商业分析高级经理弗兰克·马乔(Frank Maggio)表示:"如果能够得到实验结果的支持,项目就能更快得到审查和批准,而且审查也更少。"[1]

构建和实施这样的接受流程时,重要的是要记住,实验应该是支持企业组织优先事项的学习议程的一部分。在宠物用品零售企业沛可,所有的测试请求都必须说明这项特定的实验将如何有助于优化公司旨在提高创新性的整体战略。过去,沛可每年进行约百项测试,后来这个数字削减到 75 项。许多测试请求都遭到了拒绝,因为公司过去已经做过类似的测试,其他请求被拒绝是因为测试所涉

---

[1] Thomke and Manzi, "The Discipline of Business Experimentation."

及的变化不够激进，不足以证明测试费用的合理性（例如，单个项目的价格从 2.79 美元上涨到 2.89 美元）。沛可前零售分析总监约翰·罗迪斯（John Rhoades）指出："我们希望测试能够促进业务增长的东西。我们想尝试新概念或新想法。"①

问题 3：实验是否可行？

正如我们之前所见，实验必须具有可检验的假设。但是商业环境的因果密度，即变量及其相互作用的复杂性，使得确定因果关系极其困难。从商业实验中学习未必像分离和操纵自变量以及观察因变量的变化那样容易。环境不断变化，商业成果潜在的影响因素往往是不确定或未知的，因此它们之间的联系通常复杂且难以理解。

以一家拥有 10 000 家便利店的虚拟零售连锁店为例，其中 8 000 家名为 QwikMart，2 000 家名为 FastMart。QwikMart 的年均销售额为 100 万美元，FastMart 的年均销售额为 110 万美元。一位高管提出了一个看似简单的问题：将 QwikMart 更名为 FastMart，能否使收入增加 8 亿美元？显然，影响销售额的因素有很多，包括商店的实际规模、居住在商店辐射范围内的人数及其平均收入、每周的营业时长、商店经理的经验、附近竞争对手的数量等等。但是这位高管只对一个变量感兴趣：商店的名称。②

---

① Thomke and Manzi, "The Discipline of Business Experimentation."
② J. Manzi, *Uncontrolled: The Surprising Payoff of Trial-and-Error for Business, Politics, and Society* (New York: Basic Books, 2012), 132–141.

第二章
什么是优秀的商业实验

显而易见的解决办法是进行实验，更改少数 QwikMart 的店名（比如 10 家），看看会发生什么。但是，即使只是确定更名的影响也不是一件容易的事，因为许多其他变量可能同时发生了变化。例如，4 家门店所在区域的天气非常糟糕，1 家门店更换了经理，1 家门店附近的大型住宅楼开盘，还有 1 家门店附近的竞争对手开始了积极的广告促销。除非能够将更名的影响从这些因素以及其他变量的影响中分离出来，否则高管无法确定更名是否有助于销售额的提高。

为了应对高因果密度的环境，公司需要考虑使用足够大的样本来消除待研究变量之外所有其他变量的影响。可惜，不是所有此类实验都是可行的。样本量足够大的实验的成本可能高得令人望而却步，或者操作上的改变可能会造成很大的破坏。在这种情况下，正如我们稍后会看到的那样，高管有时可以采用复杂的分析技术，其中一些涉及大数据，以提高实验结果的统计有效性。尽管如此，应该注意的是，管理者经常错误地认为，样本量越大，得到的数据越好。事实上，一个实验可能涉及大量的观察结果，但是如果这些观察结果高度聚类或者相互关联，那么真实的样本量可能相当小。例如，如果公司通过分销商销售产品而不是直接面对客户，该分销点很容易导致客户数据之间出现相关性。

所需的样本量在很大程度上取决于预期效应。如果公司预计原因（例如，商店更名）会造成较大的影响（销售额大幅提高），那么样本量可以更小。如果预期效应较小，则样本量必须较大。这似乎有悖常理，但是我们可以这样想：预期效应越小，就需要越多的观测样本，才能将商店更名的影响从周围的噪声中区分出来，并达到预期的统计置信度。确定正确的样本量不仅可以确保实验结果在统计上是有效的，还可以帮助公司降低实验成本，提高创新能力。现成的软件工具可以帮助公司确定最佳样本量。

问题 4：怎样才能确保实验结果是可靠的？

前三个问题介绍了理想实验的基本要素。然而，事实是，公司通常必须在可靠性、成本、时间以及其他实际考虑因素之间做出权衡。如果需要进行这种权衡，以下方法可以提高实验结果的可靠性。

随机现场实验

医学研究中的随机概念十分简单：将一群具有相同特征和疾病的个体随机分成两组。[①] 只对一个小组进行治疗并密切监测每个人的健康状况。如果治疗组（或实验组）在统计上比未接受治疗的小组（或对照组）恢复得更好，并且结果可以复制，那么该疗法就被认为是有效的。同样，随机现场实验可以帮助公司确定具体的改变是否会导致业绩提高。金融服务公司第一资本（Capital One）一直利用随

---

① 如果受试者被随机分配到实验组和对照组，那么导致结果差异的所有可能因素必须在两组之间大致平均分布，因此，我们可以自信地将任何结果上的差异归因于治疗方法的差异。然而，至关重要的是，由于抽样误差，实验组和对照组无法实现精确的平衡。因此，在其他条件相同的情况下，组的规模越大，实验组和对照组之间的所有可能因素越接近平均分布的状态。统计科学旨在评估我们考虑组的规模（样本量大小）以及实验组和对照组之间的结果差异（信号）——与人口中结果的一般变化水平（噪声）相比——得出因果推论的确定程度。因此，测试中的一条定律是，结果的可靠性取决于样本量和信噪比。

第二章
什么是优秀的商业实验

机实验来测试哪怕是看似微不足道的变化。例如,它会随机发送使用两种信封(一种为测试色,另一种为白色)的报价单,以测试用于产品报价的信封颜色导致的客户反应的差异。正如第一资本的联合创始人兼首席执行官理查德·费尔班克(Richard Fairbank)所解释的那样,同样的原则也适用于更关键的问题,例如,当客户因为另一家银行提供了更优惠的利率而打电话取消信用卡时。

> 第一资本的一项经典测试是从客户总体中随机抽取电话号码打给续卡部,表示"我要退卡"。续卡部要做出适当的回应,就需要了解哪些人是在虚张声势,哪些人不是,知晓我们想留住哪些客户。为了简单起见,我们进行了一项测试来获取这些信息,我们在三组随机挑选的人中采取了三种不同的行动。我们认为第一组人在虚张声势,关闭了他们的账户;给予第二组(据说)更优惠的待遇;向第三组让步。随后,我们收集了大量关于这三组人的反应信息并建立统计模型,将这些结果与我们拥有的关于这些人的数据联系起来。现在,一旦有人打电话给第一资本,我们立即对客户的终身净现值进行计算并评估客户的可能反应。客户服务代表在屏幕上可以看到一条即时建议,例如将年利率降至 12.9%。[1]

随机化发挥着重要作用,因为我们几乎不可能控制商业实验中的所有变量。随机化有助于防止有意或无意地引入系统性偏见从而

---

[1] B. Anand, M. Rukstad, and C. Page, "Capital One Financial Corporation," Harvard Business School Case No. 700-124 (Boston: Harvard Business School Publishing, 2000).

影响实验结果,有助于在实验组和对照组之间均匀分布任何(可能也是未知的)潜在的影响因素。但是,随机现场实验并非没有挑战。为了使结果有效,必须以严格的统计学方法进行现场实验,而管理很容易出现失误。

管理者有时会犯这样的错误,即选定一个实验组(例如,某家连锁店旗下的一组门店),然后假设其他门店都属于对照组,而不是确定一组具有相同特征的实验对象,随后将该群体随机分为两组。或者他们选择实验组和对照组的方式会在无意间给实验带来偏差。沛可曾经选择了30家最优秀的门店(作为实验组)来测试一项新计划,并将其与30家业绩最差的门店(作为对照组)进行比较。以这种方式测试的计划通常看起来很有希望,但是一旦退出便会遭遇失败。现在,沛可将门店规模、顾客人口统计学特征、附近的竞争对手等一系列参数考虑在内,来匹配对照组和实验组的特征(大众超级市场也是这样做的),这些实验的结果要可信得多。

盲测

为了最大限度地减少偏差,进一步提高可靠性,沛可与大众超级市场进行了"盲测",这有助于防止所谓的霍桑效应:当研究对象意识到自己是实验的一部分时,就会有意或无意地改变自己的行为。(以芝加哥郊外的一家工厂霍桑工厂(Hawthorne Works)命名。20世纪初,霍桑工厂通过实验了解改善照明能否提高生产率。)[1] 沛可实验

---

[1] H. Landsberger, "Hawthorne Revisited" *Social Forces* 37, no. 4 (May 1959): 361–364.

第二章
什么是优秀的商业实验

门店的工作人员都不知道何时进行实验,大众超级市场的门店不断推出新的价格,因此,测试时与正常的运营没有什么区别。盲测可以确保实验者与参与者不会因为自己是测试的一部分而改变自己的行为。

然而,盲测并不总是可行的。对于新设备或新工作方法的测试,大众超级市场通常会通知被选为实验组的门店。否则,门店可能不愿意参加,甚至不明白为什么要做这些改变。(注:更高的实验标准是采用"双盲"测试。在双盲测试中,实验者和测试对象都不知道哪些参与者属于实验组,哪些属于对照组。双盲测试广泛用于医学研究,但在商业实验中并不常见。)

大数据

在在线渠道和其他直接渠道的环境中,数据科学家早已熟知进行严格的随机实验所需的数学知识,他们可以使用涉及数百万客户的样本。但是许多消费者交易仍然通过复杂的分销系统进行,如商店网络、销售区域、银行分行、连锁快餐店等。在这样的环境中,样本量通常不足 100,违背了许多标准统计方法的经典假设。[①] 为了

[①] 消费者商业实验始于许多年前的利基应用,如直邮和目录营销,因为经济上可行的样本量能够实现足够高的信噪比。(科学与工程领域的实验有着更悠久、更丰富的传统,参见第一章)。即使响应率仅为 1% ~ 2%,数以万计的实验组客户和对照组客户的样本量也能分辨出具有统计意义的响应率差异。由于信噪比低(如多通道测试)且可行的样本量较小(如零售业),利基市场之外的应用在分析上更具挑战性。尽管今天的在线测试与传统的直邮测试类似,但是它的成本非常低,这就要求人们将一切都放在网上测试,看看是什么阻碍了行为和其他复杂的分析。这导致人们高估了变化的真实影响以及难以分辨因果关系。通过使用每位客户的信息,如先前的消费模式、人口统计数据等,并在潜在的实验组客户和对照组客户之间进行仔细的匹配,较小的样本量也可以获得显著的效率。

最大限度地降低样本量小的影响,公司可以结合多组大数据使用专门的算法。有趣的是,最小的样本量需要最复杂的分析处理和大数据方法。(参见"大数据如何助力实验"。)

大数据如何助力实验

为了排除统计上的干扰因素的影响并确定因果关系,商业实验的样本量最好是数千或更多。但是这可能过于昂贵或无法实现。一种新的商品分类方法可能只需要在25家门店中进行测试,一项销售培训计划需要在32名销售人员中进行测试,而一项改造计划则需要在10家酒店中进行测试。在这种情况下,大数据和其他复杂的计算技术,如机器学习,可以提供帮助。方法如下:

开始

如果零售商想要测试新的门店布局,就应该收集关于所有分析单元(每家门店及其商圈,每位销售人员及其客户等)的详细数据(如与竞争对手之间的距离、员工的聘期以及客户的人口统计学特征)。这将成为大数据集的一部分。根据数据的波动性与影响评估所需的精度,确定测试应该包括多少以及哪些门店、客户或员工,以及测试应该运行多长时间。

创建对照组

在涉及小样本的实验中,正确匹配实验对象(如个别商店或顾客)与对照对象至关重要,这取决于实验者是否有能力完全确定表征实验对象的数十甚至数百个变量。大数据反馈(按

第二章
什么是优秀的商业实验

客户分类的完整交易记录、详细的天气数据、社交媒体流等)可以在这方面有所帮助。一旦确定了这些特征,就可以创建包含实验组所有影响因素在内(除了正在测试的因素之外)的对照组。这使得零售商能够确定实验结果是否仅受正在测试的因素(新布局)的影响,还是也受其他因素(人口统计学特征的差异、更好的经济条件、更温暖的天气)的影响。

瞄准最佳机会

可以用创建对照组的大数据反馈来确定测试方案在哪些情况下是有效的。例如,新的门店布局在竞争激烈的城区可能效果更好,但在其他市场可能效果有限。通过确定这些模式,实验者可以在可行的情况下实施该计划,并避免在可能无法产生最佳投资回报的地方进行投资。

定制项目

额外的大数据反馈可用于识别更有效或更无效的项目内容。例如,测试新门店布局效果的零售商可以利用采集自店内视频流的数据来确定新布局是促使顾客在店内更多的地方移动,还是只在高利润产品附近逗留。实验者也可能会发现,将商品挪到商店前部并放到新的货架上会产生积极的影响,但是移动收银机会干扰结账并影响利润。

以一则真实的案例为例:一家大型零售商打算重新设计门店,并花费5亿美元在1 300处进行推广。为了测试这个想法,零售商重新设计了20家门店并对结果进行跟踪。财务团队在对数据进行分析之后得出结论：门店升级后销售额只增长了0.5%，投资回报为负。营销团队进行了单独的分析，预测重新设计将带来5%的可观的销售额增长。

事实证明，财务团队将测试门店与连锁店中规模、人口收入和其他变量相似，但不一定处于同一地域市场的其他商店进行了比较。财务团队还使用了重新设计前后6个月的数据。营销团队比较了同一地域内的门店，并考虑了重新设计前后12个月的数据。为了确定哪项结果值得信任，公司采用了大数据，包括交易层面的数据（门店商品、销售发生的时间、价格）、门店属性以及门店周围环境的数据（竞争状况、人口统计学特征、天气）。通过这种方式，公司为对照组选择了与测试重新设计的门店更相似的商店，这使得小样本量具有统计有效性。然后，公司使用客观的统计方法来审查这两项分析。分析结果是：营销团队的结果更为准确，因此重新设计门店的计划获得了批准。

即使公司无法遵守严格的测试协议，分析人员也有助于识别和纠正某些偏误、随机化失败和其他的实验不完善之处。公司的测试部门经常会遇到非随机的自然实验，例如，运营副总裁可能想了解公司在约10%的市场中推出的新员工培训计划是否比旧计划更有效。事实证明，在这种情况下，可以用来解决小样本或相关样本问题的相同算法和大数据集也可以用来梳理有价值的见解，并将结果的不确定性降至最低。然后，分析能够帮助实验者设计一项真正的随机现场实验，以确认和完善结果，特别是当这些结果有违直觉或需要为具有重大经济利益的决策提供信息时。

第二章
什么是优秀的商业实验

不论什么实验,能复制都是黄金标准,也就是说,进行相同实验的其他人应该获得相似的结果。重复成本高昂的实验通常是不切实际的,但公司可以通过其他方式验证结果。沛可有时会分阶段推广一个大型项目,以便在全公司范围内实施之前确认结果。而大众超级市场有一个跟踪推广结果的流程,并将实际结果与预期收益进行比较。

问题5:我们是否了解因果关系?

由于有了大数据的助力,一些高管可能会误以为因果关系并不重要,实验控制可有可无。在他们看来,他们只需要创立关联,就可以推断出因果关系。然而事实没有那么简单。有时,两个变量之所以相关,是因为它们是由同一个原因造成的,例如溺水与冰激凌销量(室外温度)之间存在相关性,或者因为这种相关性只是巧合。研究人员在一项分析中发现,加州的律师人数与美国人花在宠物身上的钱之间存在很高的相关性。[1] 大家可以自行思考对于这种相关性的合理解释。

为了对因果关系的不同层次进行分类,朱迪亚·珀尔(Judea Pearl)和达纳·麦肯齐(Dana Mackenzie)在《为什么》(*The Book of Why*)中提出了因果关系之梯的三个层级。[2] 第一层也是最低的因果

---

[1] Tyler Vigen, Spurious Correlations, http://www.tylervigen.com/vicw_correlacion?id=2956,访问时间2018年4月4日。更多虚假(且有趣)的相关关系的例子参见 http://www.tylervigen.com/spurious-correlations。

[2] J. Pearl and D. Mackenzie, *The Book of Why*: *The New Science of Cause and Effect* (New York: Basic Books, 2018).

关系层，即关联，是指在观察中找出规律性。如果观察到一个事件会改变另一个事件，那么这两个事件之间就存在关联，或者说是相关性。作者将现代分析和大数据置于这一层次。第二层是干预，干预需要改变一个或多个变量并观察结果的变化。实验就是这样的干预。第三层也是最高层，即反事实，包括最强的因果关系测试。人们提出包括反事实在内的更高标准，"如果没有 A，B 会不会发生？"而不是仅仅问"A 是否会导致 B？"以我在十几岁时的经历为例：我的一个朋友坚信，饮酒后喝一杯盐水（A）可以防止第二天宿醉（B）。但是如果不喝盐水，他会宿醉（B）吗？反事实的困难在于，你不能回到过去，用另一种干预或者不加干预的方式重复实验，然后在同一个人的身上比较两个结果。（通常，个人补救措施基于轶事或少数个人经历，而这些经历本可以用其他因素加以解释。在我朋友的案例中，我怀疑一想到要喝令人作呕的盐水，他可能就会不自觉地减少饮酒量。）我们将在第三章介绍如何通过在线随机对照实验估计结果效应。[1]

---

[1] 鲁宾（Rubin）对反事实困境有一个更正式的定义：直观地说，对于特定测试对象以及从 T1 到 T2 的时间间隔，治疗方法 E 相对于治疗方法 C 的结果效应是，如果该测试对象从 T1 开始接受 E 时在 T2 时间会发生的情况和如果该单位从 T1 开始接受 C 时在 T2 时间会发生的情况之间的差异。"如果一小时前我服用了两片阿司匹林而不是只喝了一杯水，我的头痛就会消失"或者"因为一小时前我服用了两片阿司匹林而不是只喝了一杯水，所以现在我的头痛消失了"。参见 D. Rubin,"Estimating Causal Effects of Treatments in Randomized and Nonrandomized Studies," *Journal of Educational Psychology* 66, no. 5 (1974): 688–701。当然，问题是，我们不可能回到时间 T1，给同一个测试对象（就本例而言，头痛的人）两片阿司匹林而不是一杯水。按顺序采取两种治疗方法（先喝水，然后服用阿司匹林）会带来其他问题，如延滞效应以及其他变量的时间变化（例如，头痛在没有干预的情况下会消退）。鲁宾的文章介绍了在缺乏真正的反事实的情况下，随机化和匹配将如何有助于估计结果效应。

第二章
什么是优秀的商业实验

尽管存在这些因果关系层级,对大数据的热情依然引发了一种不寻常的说法,即不再需要科学方法。2008 年,《连线》(Wired)杂志发表了一篇颇具争议的文章《理论的终结:数据洪流之下,科学方法已经过时》,将谷歌作为无须借助任何因果关系模型就能获得成功的组织的案例。[1] 同样,关于大数据的书籍也引用了一些轶事,在书中,我们现在认为的相关性在当时足以做出重要的商业决策。[2] 一个流行的公司案例是谷歌及其流感趋势算法如何仅仅通过挖掘包含数千亿次搜索的五年网络日志,从而比政府的统计数据更好地预测流感的发病率。但在 2014 年,哈佛大学下属的一个研究小组发现,2001 年 8 月 21 日至 2013 年 9 月 1 日期间,谷歌的算法高估了 108 周中 100 周的流感发病率![3] 重要的是,许多出版物都忽略了一个事实,即谷歌不仅是大数据的挖掘者,也是热情的实验者。它很清楚相关性是需要严格检验的因果关系假设的极好来源。我不禁想起了马克·吐温的话:"关于[科学方法]已死的传言,都是夸大

---

[1] C. Anderson, "The End of Theory: The Data Deluge Makes the Scientific Method Obsolete," Wired, June 2008. 该文作者指出:"科学家接受的训练是要认识到相关性并非因果关系,不应仅仅根据 X 和 Y 之间的相关性得出结论(可能只是巧合)。相反,你必须理解连接这两者的底层机制……但是面对海量的数据,这种科学方法——假设、建模、测试——正在变得过时。"他总结说:"相关性取代了因果关系,即使没有连贯的模型、统一的理论或任何真正的机械论解释,科学也能进步。"

[2] V. Mayer-Schönberger and K. Cukier, *Big Data: A Revolution That Will Transform How We Live, Work, and Think* (Boston: Houghton Mifflin Harcourt, 2013).

[3] D. Lazer et al. "The Parable of Google Flu: Traps in Big Data Analysis," *Science*, March 14, 2014. 质疑谷歌流感趋势(GFT)准确性的并非只有该文的作者。他们表示,2013 年,《自然》(*Nature*)杂志报道,"谷歌流感趋势预测的流感样疾病的就诊比例是美国疾病控制和预防中心(Centers for Disease Control and Prevention,CDC)的两倍多,后者的估计基于美国各地实验室的监测报告"。参见 D. Butler, "When Google Got Flu Wrong," *Nature* 494 (February 14, 2013): 155–156。

不实的。"

以下两个案例进一步说明了从相关性中推断因果关系的难度，同时也突出了缺少对照组的实验的缺陷。[1] 第一个案例涉及两个团队，他们分别对 Microsoft Office 的两项高级功能进行了观察研究。两个团队都认为自己评估的新功能降低了客户流失率。事实上，几乎所有的高级功能都会表现出这样的相关性，因为愿意尝试高级功能的人往往是重度用户，而重度用户的流失率往往较低。因此，虽然某项新的高级功能可能与流失率降低相关，但它未必会导致这个结果。收到报错信息的 Office 用户的流失率也较低，因为他们往往也是重度用户。但这是否意味着报错信息越多，用户的流失率就越低？肯定不是。

第二个案例是雅虎所做的一项研究，该研究旨在评估某品牌在雅虎网站上展示广告能否提高人们对该品牌名称或相关关键词的搜索量。根据研究的观察结果估计，广告使搜索量从 871% 提高至 1 198%。但是根据雅虎进行的对照实验，实际增幅仅为 5.4%。如果没有对照实验，公司可能已经得出广告能够造成巨大影响的结论，而不会意识到搜索量的提高是由观察期内其他变量的变化造成的。

显然，观察性研究无法建立因果关系。这在医学界是众所周知的，这就是为什么美国食品药品监督管理局强制要求企业进行随机对照实验，以证明它们的药物是安全有效的。当然，在某些情况下，对照实验既不切实际，也不符合伦理。在这种情况下，必须非常小

---

[1] R. Kohavi and S. Thomke, "The Surprising Power of Online Experiments," *Harvard Business Review*, September-October 2017.

第二章
什么是优秀的商业实验

心地调查、测量和消除观察性研究中的偏差。[1] 但是，对非随机研究得出的结论，必须保持怀疑的态度。一项著名的研究调查了 45 项被大量引用的关于医学干预（如疗法、程序、医疗）有效性的临床研究，调查结果显示，只有 17% 的非随机研究的结果在具有更强研究设计的后续研究中能够得到复制。相比之下，77% 的随机研究的结果能够得到复制。[2]

仅仅理解简单的因果关系是不够的。如果你能够确定一件事会导致另一件事，但不知道为什么会这样的话，该怎么办？是否应该尝试了解因果机制？当然应该尝试，尤其当风险很高的时候。1500—1800 年，约有 200 万名水手死于坏血病。[3] 今天我们知道，坏血病是由于水手的饮食中缺乏维生素 C，在长途航行中没有足够的水果供应。1747 年，英国海军外科医生詹姆斯·林德（James Lind）博士决定进行一项实验，测试六种可能的治疗方法。在一次航行中，他给一些水手橘子和柠檬，给其他人醋之类的替代药物。实验表明柑橘类水果可以预防坏血病，尽管没人知道为什么。林德错误地认为，水果的酸性可以预防坏血病，并试图将柑橘汁加工成浓

---

[1] P. Rosenbaum, *Observation and Experiment: An Introduction to Causal Inference* (Cambridge, MA: Harvard University Press, 2017). 这本书是了解各种因果推理方法的优秀的入门书籍。

[2] J. Ionnidis, "Contradicted and Initially Stronger Effects in Highly Cited Clinical Research," *Journal of the American Medical Association* 294, no. 2 (2005): 218–228. 该文作者研究了 1990—2003 年间发表在影响因子最高的三种普通医学杂志上的 49 项引用率较高的研究（超过 1 000 次引用）。在这 49 项研究中，有 45 项声称干预措施是有效的。在 6 项非随机研究中，有 5 项被后续研究推翻或发现了更强的效果（$p = 0.008$），而在 39 项随机研究中，仅有 9 项出现了这种情况。在随机实验中，存在矛盾或更强效果的研究比被复制或未被质疑的研究要少（$p = 0.009$），但在引用方面没有差异。

[3] Kohavi and Thomke, "The Surprising Power of Online Experiments."

缩物来制造一种不易腐烂的药物，但是这种做法破坏了维生素C。直到50年后，未经加热的柠檬汁终于成为船员的日常口粮时，英国海军才最终消除了船员中的坏血病。如果林德能够对加热和未加热的柠檬汁进行对照实验，这种治疗方法可能会更早出现并挽救许多人的生命。同样，如果公司知道为什么这种变化会产生它们所期望的效果，它们可能会更好地实施变革，不会使用错误的方式，也不会把资源浪费在无关紧要的因素上。

也就是说，我们不一定非要知道"为何"或"如何"才能从"什么"知识中获益。涉及动机难以确定的用户行为时尤其如此。在必应，一些大的突破是在没有基础理论的情况下取得的。例如，2013年，必应对其搜索结果页面上出现的包括标题、链接和图片说明文字在内的各种文本的颜色进行了一系列实验（第三章会进行更详细的介绍）。[1] 尽管颜色的变化很细微，但结果却出乎意料：实验表明，看到标题色调略深而图片说明文字色调略浅的用户的搜索成功率更高，而且搜索所耗的时间明显缩短。尽管必应能够通过字体颜色的细微变化来改善用户体验，但没有成熟的色彩理论来帮助它理解背后的原因。此时，实验的证据和方案的严谨性决定了结果的可信度，并取代了理论。

沛可也有类似的情况。当高管调查按重量销售的产品的新定价策略时，结果十分明确。到目前为止，对于0.25磅的产品，最好的定价方式是价格的小数部分为0.25美元。这个结果与通常要求以9结尾（例如4.99美元或2.49美元）的定价方式大相径庭。"这打破了

---

[1] Kohavi and Thomke, "The Surprising Power of Online Experiments."

零售业的一条规则,即你不能给出一个'丑陋'的价格。"罗迪斯指出。起初,沛可的高管对结果持怀疑态度,但是由于实验非常严格,他们最终同意尝试新的定价方法。一次有针对性的推广活动证实了这一结果,六个月后销售额猛增了24%以上。但是,如果没有充分理解因果关系,公司就会让自己犯下大错。还记得美国科尔士百货公司为调查延迟开店的影响而进行的实验吗?在那次测试中,最初,公司的销售额出现了下降。那时,高管本可以终止这项计划。但是一项分析显示,客户交易的数量没有发生变化,问题是每笔交易的交易量减少了。最终,每笔交易的交易量恢复了,总销售额也恢复到以前的水平。美国科尔士百货公司无法解释最初销售额出现下降的原因,但高管忍住了归咎于营业时间缩短的诱惑。他们并没有急于把相关关系等同于因果关系。

问题6:我们是否从实验中获得了最大的价值?

许多公司花钱进行实验,却没能充分利用这些实验。为了避免这种错误,高管应该考虑拟议的计划对不同客户、市场和细分市场的影响,并将投资集中在潜在回报率最高的领域。最好的问题通常不是"什么能起作用"而是"什么能在哪里起作用"或者"什么令人惊讶"。

沛可通常只在与取得最佳效果的测试门店最相似的门店中推出计划。这样不仅可以节约实施成本,还可以避免让那些新计划可能无法带来好处，甚至有可能产生负面影响的门店参与进来。由于实施了这种有针对性的推广方法，沛可能够使新计划的预期收益翻倍。

另一个有用的策略是价值工程。大多数项目都有一些效益超过成本的部分，而另一些则没有。那么，诀窍就是只实施具有吸引力的投资回报率的那一部分。举一个简单的案例，假设一家零售商对20%的促销活动进行了测试，结果显示销售额提升了5%。这其中有多大比例是由促销本身，以及为此投放的广告和对门店员工的培训所带来的（这两者都能将顾客引向那些特定的产品）？在这种情况下，公司可以通过实验来研究各种因素的组合情况（例如，投放了广告但没有进行额外的员工培训的促销活动）。对结果的分析可以厘清各种影响，帮助高管放弃投资回报率低或为负的部分（例如，额外的员工培训）。

此外，对实验产生的数据进行仔细分析，能使公司更好地了解公司的运作过程，检验它们对哪些变量造成哪些影响做出的假设。对于大数据，重点在于发现相关性。例如，发现某些产品的销售量往往与其他产品的销售量一致。但是商业实验可以让公司超越相关性，调查因果关系。例如，发现导致购买量增加（或减少）的因素。这种关于因果关系的基本知识可能至关重要。没有它，高管对自己的业务只是一知半解，他们所做的决定很容易获得适得其反的效果。

以南方乡村为主题的连锁餐厅饼干桶（Cracker Barrel Old Country Store）进行了一项实验，以确定是否应该将餐厅的白炽灯换成 LED 灯。高管惊讶地发现，在安装了 LED 灯的地方，顾客流量反而下降了。照明计划本可就此停止，但是公司深入挖掘了背后的原因。结果发现，新的照明方式使餐厅前廊看起来更暗，许多顾客误以为餐厅已经打烊。这很令人费解，LED 灯应该让门廊更明亮才对。经过进一步调查，高管了解到，门店经理以前并未遵守公司的照明标准，他们一直在自行调整，经常在前廊增加额外的照明。因此，当门店遵守新的 LED 灯政策时，亮度反而下降了。关键在于，相关性给公司留下了错误的印象，即 LED 灯于业务不利，需要通过实验来揭示真正的因果关系。

重要的是，许多公司都发现，实验仅仅只是开始。价值来自对数据的分析和利用。过去，大众超级市场将 80% 的测试时间用于收集数据，20% 用于分析数据。该公司目前的目标是颠倒这一比例。

问题 7：实验真的能够推动我们的决策吗？

并非所有的管理决策都可以或者应该通过实验来制定。收购另一家公司或进军一个新的细分市场的决定最好留给判断、观察和分析。有时，进行一项实验可能非常困难，甚至是不可能的，或者实验者面临诸多限制，以至于实验结果毫无用处。但是，如果所有可以测试的东西都已测试，那么实验就可以成为管理决策的工具，推动有意义的辩论。网飞的情况就是如此，它已经为大规模实验构建了复杂的基础设施。据《华尔街日报》(*Wall Street Journal*) 报道，当测试结果显示，莉莉·汤姆林（Lily Tomlin）(喜剧《格蕾丝与弗兰基》(Grace and Frankie)的主演之一)的单人宣传照获得的潜在观众的点击量比汤姆林与另一位主演简·方达(Joan Fonda)的双人宣传照更多时,网飞的高管们十分纠结。[1] 内容团队担心将方达从宣传照中移除会造成演员之间的不和,并可能违反与方达签订的合同。在就相信经验证据还是"战略考虑"激烈辩论之后,网飞选择使用包括方达在内的宣传照,尽管这一决定并未获得客户数据的支持。然而,实验证据使权衡和决策过程更加透明。

当选择根据实验结果做出决定时,公司应该通过关注样本量、对照组、随机化和其他因素来确保实验结果的有效性。实验结果越有效和可重复,就越能在内部阻力面前站稳脚跟,当实验结果挑战了长期的行业实践和假设时,内部阻力可能会特别大。更重要的是,等级制度和 PowerPoint 演示不应该代替实验证据。

以美国银行(Bank of America)通过研究客户在分行的等待时间的案例来说明商业实验如何改变其决策。[2] 2000 年左右,美国银行在 21 个州拥有约 4 500 个网点,为大约 2 700 万户家庭和 200 万家企业提供服务,日处理交易 380 万笔。内部研究人员"拦截"了约 1 000 名在各网点排队的客户。他们发现,大约 3 分钟后,实际等待时间与感知等待时间之间的差距会成倍增加。由销售人员组成的两个焦点小组和盖洛普咨询公司(Gallup)进行的正式分析提供了进一

---

[1] S. Ramachandran and J. Flint, "At Netflix, Who Wins When It's Hollywood vs. the Algorithm?" Wall Street Journal, November 10, 2018.

[2] S. Thomke and A. Nimgade, "Bank of America (A)," Harvard Business School Case No. 603-022 (Boston: Harvard Business School Publishing, 2002); S. Thomke and A. Nimgade "Bank of America (B)," Harvard Business School Case No. 603-023 (Boston: Harvard Business School Publishing, 2002).

第二章
什么是优秀的商业实验

步的佐证——交易区媒体（TZM）实验就此诞生。团队根据已发表的心理学文献推测，通过大堂出纳员上方的电视显示器为客户提供"娱乐"将使感知等待时间至少缩短15%。研究小组选择了两家类似的分行开展TZM实验，其中一家分行为对照组，这样就可以最大限度地从实验中学习。研究小组在分行出纳员柜台上方安装了电视显示屏，播放CNN的新闻节目。随后，团队等待了一周以待新鲜感消退之后再测量随后两周的结果。

开展TZM实验的实验组分行的结果显示，高估实际等待时间的人数从32%下降到15%。在同一时期，其他分行都没有出现如此大幅度的下降。事实上，在进行对照实验的分行，高估的等待时间从15%上升到26%。尽管这些结果令人鼓舞，但是团队仍然需要向高级管理层证明，TZM可以对企业的净利润产生积极影响。为此，团队需要借助一个模型，使用他们创建的易于测量的"客户满意度指数"（基于30个问题的调查）来反映未来收入增长。

先前的研究表明，客户满意度指数每提高1个百分点，就相当于每年从每户家庭增加和保留的存款中获得了1.4美元的收益。因此，对于一个家庭客户数量过万的分行来说，客户满意度指数提高2个百分点，其年收入就能增加28 000美元。在美国银行的测试市场亚特兰大，客户满意度指数一般在80左右，在全国范围内，客户满意度指数为70～80。安装了TZM电视显示屏之后，团队测得的总体增幅为1.7个百分点。他们在充分的鼓励下进入了第二阶段，研究和优化更多样的节目、广告和不同扬声器参数的影响。

虽然TZM项目的好处值得称赞，但是团队现在不得不考虑它带来的收益是否超过了成本。研究表明，在参与实验的每家分行安装特殊的电视显示屏将花费大约 22 000 美元。对于全国性的推广，估计规模经济将使每家分行的成本降至约 10 000 美元，这可以直接与银行的隐含财务利益进行比较。

从美国银行、科尔士百货公司、大众超级市场以及本章其他案例中得到的经验不仅仅是，如果管理者提出了正确的问题，商业实验就能形成更好的做事方式（见表 2 - 1）。实验还有助于推翻错误的传统智慧和错误的商业直觉，即使对经验丰富的高管也是如此。更明智的决策最终会提高绩效。总的来说，更好的实验有助于通过做两件事帮助大众超级市场节省数千万美元。首先，它为公司提供了信心，使其能够继续推行会改善业绩的创新提案。其次，它有助于公司避免做出可能最终损害净收益的改变。

第一章中介绍的彭尼的灾难是否可以通过事先测试各种变化（例如，增加品牌专卖店的数量）来避免？我们不可能知道。但有一点是肯定的：在试图实施这样一个大胆的计划之前，公司需要更多的实验证据，而不是仅靠行政人员的直觉来做出决定。

第三章
EXPERIMENTATION
WORKS

如何开展在线实验

2012年，微软的一名员工在开发必应搜索引擎时萌生了改变广告标题显示方式的想法。[1] 这个想法似乎微不足道：在标题中添加一些广告的潜台词，使其变得更长（见图3-1）。这种改动并不费功夫，一位工程师只需要花上几天的时间就能完成。然而，它只是数百条提议中的一条，而且项目经理认为它的优先级不高。因此，它被搁置在一边，直到六个多月后一位工程师发现编写代码的成本很低，才启动了一个简单的在线对照实验（A/B测试）以评估其影响。实验开始几个小时后，新版标题就产生了异常高的营收，甚至触发了"好得让人怀疑"的警报。通常，只有在出现漏洞时才会出现这种警报，但是本案例却并非如此。分析表明，在不损害关键用户体验指标的情况下，这一变化使营收惊人地增长了12%——仅在美国，年营收就将超过1亿美元。这是必应历史上最好的创收点子，但是在实验之前，它的价值并未得到充分评估。

这个案例说明评估新想法的潜力非常困难。同样重要的是，它凸显了以低成本同时运行许多在线实验的能力具有巨大的价值，越来越多的企业开始认识到这一点。

---

[1] R. Kohavi and S. Thomke, "The Surprising Power of Online Experiments," *Harvard Buiiness Review*, September-October 2017. 本章大量借鉴了这篇文章的内容，包括文字、概念和案例。科哈维（Kohavi）提供了微软的案例并发表了大量关于在线实验的文章。他的文章可以在 exp-platform.com 上找到。

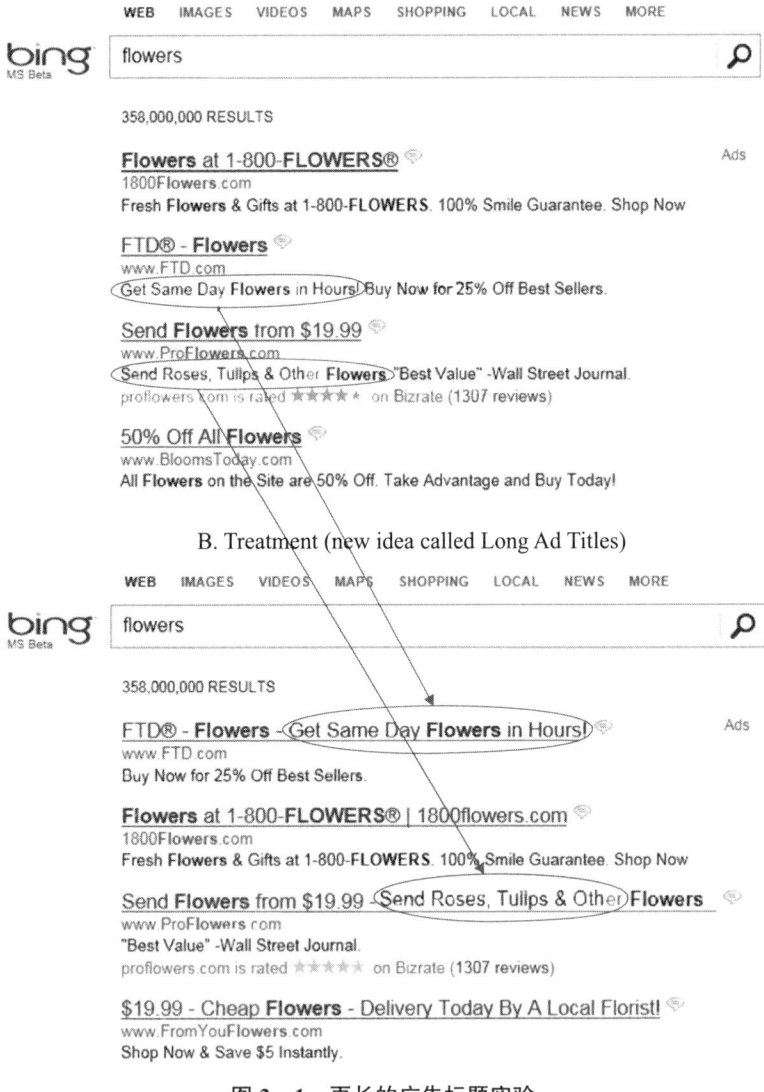

图 3-1 更长的广告标题实验

第三章
如何开展在线实验

如今,微软与其他几家领先企业——包括亚马逊、缤客、脸书和谷歌——每年都会进行一万多次在线对照实验,每次实验都会吸引数百万用户。创业企业和没有数字根基的企业,如沃尔玛、州立农业保险、耐克、联邦快递、纽约时报公司和英国广播公司,也经常进行实验,只不过实验规模较小而已。这些组织已经发现,"一切皆可实验"的方法能带来令人惊讶的巨大回报。例如,它帮助必应确定了每月需要实现的几十项与营收有关的改进,这些改进可以将每次搜索的年营收提高 10%~25%。这些改进以及每月数百项旨在改善用户体验的其他变动,是必应能够盈利的主要原因,也是它能够将自己在美国个人搜索服务领域的份额从 2009 年刚推出时的 8% 提高到 2017 年的近 23% 的主要原因。

以拥有超过 1 100 万客户的英国天空广播公司为例。该企业对包括软件发布、聊天机器人、网站设计等在内的企业网站所做的所有改动都进行了实验。[1] 如今,70%(目标是达到 90%~95%)的在线客户每月都会参与约 100 项新实验。英国天空广播公司拥有一支由四位优化专家组成的团队,他们会接受来自包括产品团队、业务负责人和服务中心在内的企业任何部门的提议,并设计严谨的实验对这些提议进行评估。平均而言,英国天空广播公司的实验主要分为客户端(网络体验)与服务器端(算法、数据库查询等)这两块,而且二者的业务量不相上下。最终,英国天空广播公司希望所有员工都能效仿软件工程师,在企业所有的内容交付

---

[1] 2019 年 3 月 27 日,对英国天空广播公司实验和分析经理西蒙·埃尔斯沃思(Simon Elsworth)与数字转型主管阿卜杜勒·穆利克(Abdul Mullick)的采访。

平台（网络、移动端、电视）上自行设计和开展实验。为了实现这一目标，英国天空广播公司的数字团队一直在教授员工如何科学地思考与行动。与三年前相比，这是一个巨大的变化，当时它的分析团队每月只进行几次实验，并且只将5%～10%的时间用于实验。

实验数量的增加为客户服务带来了益处。英国天空广播公司每天都会接到数以千计的客户支持电话，但是它坚信，在适当的情况下，客户可以选择通过网络、移动端以及互动电视频道使用自助服务。为了确定哪些想法可行，哪些不可行，需要对许多新想法进行对照实验，其中有一些想法来自呼叫中心的操作员。英国天空广播公司数字转型主管阿卜杜勒·穆利克表示，最终来电数量减少了16%，而客户满意度提高了8%。新兴的实验氛围也在创造一种推崇正确的想法而非资历的新型企业文化。高级管理层发现，跟着数据走可以消除决策中的傲慢与资历观念，并在他们出于战略或法律原因没有采纳实验建议时，提高了陈述理由的清晰度。

在这个在线渠道对几乎所有企业都至关重要的时代，严谨的实验应该成为每个人的标准操作程序。如果一家企业投资了软件基础设施和组织技能来开展实验，就能够以相对便宜的方式，评估针对网站的想法以及潜在的商业模式、战略、产品、服务和营销活动。值得注意的是，在线用户的行为极难预测，因为涉及多个学科，包括但不限于心理学、社会学和经济学。此外，成功往往因环境（例如，不同的市场和客户群）而异。正确的问题通常不是"什

第三章
如何开展在线实验

么有效？"而是"什么在何处（有时还包括何时）有效？"在线实验可以将探索与优化转变为以证据为导向的科学过程，而不是以直觉、资历观念以及普遍却错误的信念为指导的过程。而且，实验的规模可以非常庞大！如果没有实验，许多突破也许永远不会出现。企业会采纳许多糟糕的想法，最终浪费资源，遭遇失败。然而，有太多的组织，包括一些主要的数字企业，采用的在线实验方法毫无章法，它们不知道如何进行严谨的科学实验，而且也很少开展这样的实验。

想培养在线实验能力的企业应该关注本章介绍的最佳实践，这些实践为我们的所学提供了补充。尽管本章的重点是在线业务，但是许多经验同样适用于传统的线下业务以及 B2C 和 B2B 业务。虽然本章始于最简单的对照实验 A/B 测试，但是其研究结果和建议也适用于更复杂的实验设计。①

测试所有可测试的决策

在 A/B 测试中，实验者设置了两个组：对照组（A）通常是使用当前的系统的一方——人们眼中的"擂主"。而实验组（B）则是一些试图做出某些提升的改进的一方，即"攻擂方"。用户被随机分配

---

① 最近出版的关于 A/B 测试的书籍有：R. King, E. Churchill, and C. Tan, *Designing with Data: Improving the User Experience with A/B Testing* (Sebastopol, CA: O'Reilly Media, 2017); D. Siroker and P. Koomen, *A/B Testing：The Most Powerful Way to Turn Clicks into Customers* (Hoboken, NJ: John Wiley & Sons, 2015)。

到这两组之中,研究者对关键指标进行计算和比较。(相比之下,A/B/C 或 A/B/n 测试与多变量测试则同时评估一种以上针对不同变量的处理方法或改进。[①])线上改进可以是增加新功能、改变用户界面(如采用新布局)、做出后端改动(如改进亚马逊推荐书籍的算法),或是推出不同的商业模式(如提供免费送货)。无论企业最关心客户体验的哪个方面——无论是销售、重复使用、点击率,还是用户在网站上所花费的时间——都可以通过在线 A/B 测试来学习如何对其加以优化。

让我们来看一个案例。全球最大的网上住宿预订平台缤客,因不懈地关注通过在线实验优化客户体验及其在全企业范围内实现了实验民主化而闻名。(第五章对缤客展开了深入探讨。)该企业每天都会在其网站、服务器和应用程序上同时对一千多种假设进行实验。这些实验通常源自对用户的研究或提供客户服务时获得的见解或洞察。(参见"缤客:A/B 测试示例"。)

缤客:A/B 测试示例

- **见解**:用户研究表明,退房的过程还有改善的空间。
- **替代假设**:在选择儿童的人数时显示退房日期可以改善用户体验(因为清晰度得以提升)。

[①] G. E. P. Box and N. R. Draper, *Empirical Model-Building and Response Surfaces* (New York: Wiley, 1987) 与 D. Montgomery, *Design and Analysis of Experiments* (New York: Wiley, 1991) 出色地概述了关于实验设计与建模方法的问题。

第三章
如何开展在线实验

A. 对照组 （显示目前的做法）	B. 处理组 （在孩子的年龄上方显示结账日期）
客房 1 ∨　成人 2 ∨　儿童 2 ∨	客房 1 ∨　成人 2 ∨　儿童 2 ∨
退房时儿童的年龄 4 ∨　7 ∨	2016年7月23日儿童的年龄 4 ∨　7 ∨

A/B 试验示例（缤客）

- **结果**：改动对关键指标有着明显的积极影响；假设成立，攻擂方被视为新擂主。

资料来源：S. Thomke and D. Beyersdorfer, "Booking.com," Harvard Business School Case 619-015 (Boston: Harvard Business School Publishing, 2018).

任何至少拥有几千名日活跃用户的企业都可以进行这些实验。[①] 访问大量客户样本、自动收集网站与应用程序上有关用户交互的数据以及运行并发实验的能力，为企业提供了一个前所未有的机会，使其能够快速、精确地评估许多想法，而且每项额外实验的成本可以忽略不计。企业可以快速迭代、迅速获胜，或者迅速失败、然后转身。事实上，产品开发本身正在发生变化：包括用户界面、安全应用以及后端变动等在内的软件的方方面面现在都可以进行 A/B 测试（专业术语叫作全栈实验）。此类实验能够获得连续且严格的统计反馈，包括确保变更软件既不会降低其性能（如响应性），也

[①] 科哈维等人提出了关于运行一个有意义的在线实验所需用户数量的经验法则。尽管计算样本量的公式是现成的，但是作者建议将变量偏度（其分布的不对称性）考虑在内。参见 R. Kohavi et al., "Seven Rules of Thumb for Web Site Experimenters," *Proceedings of the 20th ACM SIGKDD International Conference on Knowledge Discovery and Data Mining, New York, August 24–27, 2014*, New York: ACM, 2014。

不会造成意外的影响。在必应，大约80%的修改提议首先会进行对照实验。（一些低风险的错误修复、更新以及操作系统升级之类机器层面的变动除外。）

在线实验也可以帮助管理者计算出对一项潜在改进的最优投资规模。[①] 这是微软在研究如何缩短必应显示搜索结果的时间时所面临的一项决策。微软发现，速度一直是影响客户体验的指标。当然，速度越快越好，然而，改进的价值能否量化？是否应该有3人、10人或者50人加入性能改进的工作中？为了回答这些问题，微软进行了一系列A/B测试，在其中加入了人为延迟以研究加载速度的微小差异所造成的影响。结果显示，每100毫秒的性能差异会对营收造成0.6%的影响。由于必应的年营收超过30亿美元，加速100毫秒相当于每年增收1 800万美元，这笔资金足以支撑起一个相当庞大的团队。实验结果还帮助必应对一些功能做出了重要的权衡，尤其针对那些可能提高搜索结果的相关性，但会延长软件响应时间的功能。必应希望避免出现许多小功能累积起来导致性能显著下降的情况，因此，它推迟了会使响应速度变慢几毫秒以上的单个功能上线，除非团队能够改进该项功能或找到另一个组件。

认识到这些优点之后，一些领先的科技企业已经将整个团队投入到构建、管理和改进可供许多产品团队使用的实验基础设施之中。不想进行如此大规模投资的企业已经转向求助诸如Optimizely、

[①] 进行许多面向客户的实验的潜在成本之一是响应时间较长。因此，量化缩短延迟带来的收益有助于公司制定实验策略。例如，管理层可以决定在软件编码人员和全栈实验解决方案的帮助下，在服务器端进行更多的实验，以缩短响应时间。

第三章
如何开展在线实验

Adobe Target 和 Google Optimize 等提供了一系列解决方案的第三方实验平台。只要管理者知道如何使用，拥有在线实验能力就是一个重要的竞争优势。

需要明确的是（如第二章所述），并非所有的管理决策——无论它们针对的是线下业务还是在线业务——都能够或者应该接受实验。一些实验的结果十分明显，不可行或不道德，或者不值得一试，因为预期的实验结果没有实际价值。为了说明这些局限性，两位医学研究人员在 2003 年发表了一篇充满幽默感的文章《使用降落伞防止由重力挑战引发的死亡与重大创伤：随机对照实验的系统综述》。两位作者在文章中"调查"了旨在显示在自由落体过程中使用降落伞的好处的随机对照实验，结果却发现，根本没法做任何随机实验。显然，没有人愿意在没有降落伞的情况下跳下飞机（对照组 A），只是为了证明有降落伞的受试者（实验组 B）的死亡率较低。[1] 当然，关键是，将人送上黄泉路不仅不道德，而且，除了最好带着降落伞跳下飞机之外，我们从中学不到任何东西。这篇讽刺文章引发了关于一些医学实验的价值、伦理以及实用性的激烈讨论。

然后，其他研究人员为这场讨论带来了意想不到的转折：他们在一篇后续的文章中声称，他们确实对降落伞的使用进行了随机对照实验。[2] 然而，这一次，这项捏造的研究却发现，两组在死亡或严

---

[1] G. Smith and J. Pell, "Parachute Use to Prevent Death and Major Trauma Related to Gravitational Challenge: Systematic Review of Randomized Controlled Trials," *BMJ*, 327, no. 7429 (2003): 1459–1461.

[2] R. Yeh et al., "Parachute Use to Prevent Death and Major Trauma When Jumping from an Aircraft: Randomized Controlled Trial," *BMJ* (2018), 363.

重受伤方面并无差异。为什么？自愿参与实验的人员只由静止状态从 0.6 米的高处跳下，因此不会受伤。这篇文章引起了人们对外部有效性——我们将实验结果推广到其他情况、其他人和其他时间的能力——的关注。如果一项实验既没有现实性，也没有外部有效性，为什么一开始要花费精力去做呢？

欣赏小变化的价值

管理者通常认为，只要投资越多，影响就越大。[1] 然而，网络世界往往并不遵循这样的规则，在网络世界里，成功往往是做出许多正确的微小改变。尽管商界美化了大的颠覆性的想法，但在现实中，大多数进步是通过成百上千个小的改进来实现的，这些改进可以产生巨大的累积效应。然而，由于互联网规模巨大，一旦遇到这种千载难逢的机会，一个小小的变化就能带来巨大的回报。

还是以微软为例。2008 年，其在英国的一名员工提出了一条看似微不足道的建议：只要用户点击 MSN 主页上的 Hotmail 链接，就会自动打开一个新标签页（或者在旧版浏览器中打开一个新窗口），而不是在同一个标签中打开 Hotmail。微软对约 90 万英国用户进

---

[1] 一个例外是高度非线性系统，其中自变量的微小变化会导致因变量出现巨大变化。优化此类系统可能具有挑战性，但经验表明，通过蒙特卡洛类型的方法，而不是单点性能优化来提高稳健性是有意义的（例如，在提高汽车碰撞安全性方面）。

第三章
如何开展在线实验

行了测试，结果令人振奋：根据用户点击 MSN 主页的次数，打开 Hotmail 的用户的参与度提高了 8.9% 之多。（相比之下，大多数改变对参与度产生的影响小于 1%。）然而，这个想法引起了争议，因为当时很少有网站会在新标签页中打开链接，所以微软只在英国推出了这项改进措施。

2010 年 6 月，微软在 270 万美国用户中复制了这项实验并获得了类似的结果，于是便开始在全球范围内推广这项改进措施。之后，为了解这个想法会对其他方面产生何种影响，微软研究了人们在 MSN 上发起搜索时在新标签页中打开搜索结果的可能性。在一项针对 1 200 多万美国用户的实验中，每位用户的点击量提高了 5%。在新标签页中打开链接是微软有史以来推出的提高用户参与度的最佳方式之一，而这一切只需要改变几行代码就可以实现。今天，包括 Facebook.com 和 Twitter.com 在内的许多网站都在使用这项技术。微软从简单的改变中收获巨大回报的经历并不是独一无二的。例如，亚马逊的实验表明，将信用卡的优惠信息从主页移至购物车页面，每年可增加数千万美元的利润。显然，小投资可以产生大回报。相反，大投资也许只有小回报，甚至没有回报：为了将社交媒体融入必应，以便在搜索结果页面的一个子窗口中打开脸书与推特的内容，微软投入的开发成本超过了 2 500 万美元，但在参与度和营收方面产生的增长却微乎其微。

如果小变化确实带来了大回报，它们就体现了规模的力量：5% 的改进乘以 10 亿次点击就会产生巨大的影响。然而，这样的变化并不多见。更常见的是连续不断的更小变化迅速累积，并且这种累积效应被那些可以在很长的时间段内运行的实例放大。想象一下，将数百次只能令重要指标改变1%（甚至更少）的实验效果相加。因此，只将那些实现大飞跃的员工视为创新者的做法是短视的。也许真正的英雄是那些带着灵感、耐心和目标进行一场又一场实验，并且能够快速成功、快速失败的人。今天的在线实验让人想起爱迪生的实验工作，只不过规模更大，更加科学精确罢了。

事实上，产品的渐进式改进一直是创新的一个重要来源。最近一项关于美国经济增长的研究估计，在2003—2013年，对现有产品的改进带来的增长约占总增长的77%。新企业的创造性破坏或现有企业的新产品只推动了19%的增长。[1]同样，对制造业和计算机技术的研究表明，显著的性能改进往往是众多微小但并非微不足道的创新的结果。[2]深思熟虑的管理者会在分配资源时考虑推动增长的渐进式方法与突破式方法之间的微妙平衡。[3] 2004年，当乐高集团（LEGO Group）从濒临破产的状态中走出来时，新任首席执行

---

[1] D. Garcia-Macia, C. Hsieh, and P. Klenow, "How Destructive Is Innovation?" NBER Working Paper No. 22953, 2016.

[2] Samuel Hollander（1965）发现，人造丝生产中约80%的单位成本下降源自微小的技术变化。Kenneth E. Knight（1963）在测量了数字计算机的性能变化之后得出了类似的结论：设备设计者的许多小改进能够产生很大的累积影响。参见 S. Hollander, *The Sources of Increased Efficiency* (Cambridge, MA: MIT Press, 1965)；K. E. Knight, *A Study of Technological Innovation: The Evolution of Digital Computers* (PHD dissertation, Carnegie Institute of Technology, Pittsburgh, 1963)。

[3] 科斯特因斯（Corstjens）、卡彭特（Carpenter）和哈桑（Hasan）提出，公司可以通过减少大赌注、增加小赌注来提高研发回报。基于对消费品公司的研究，他们发现，平均而言，营销支出与销售收入相关，但研发支出却并非如此。然而，对公司的深入分析表明，如果一些公司进行更有针对性、规模更小的研发投资，就能从研发中获得明显的销售收益。参见 M. Corstjens, G. Carpenter, and T. Hasan, "The Promise of Targeted Innovation," *MIT Sloan Management Review* (Winter 2019)。

第三章
如何开展在线实验

官开发了一个渐进式持续产品改进的结构化系统,以实现企业 95% 的年销售量。乐高有一个独立的小组专注于突破性创新,每接受一个新概念,小组就会开发出 72 个新概念,而增量产品小组对这些新概念的接受率为 80%。十年后,乐高成为世界上最赚钱的玩具制造商。[1]

不仅是在线业务,在大多数环境下,我们都能感受到突破式方法与渐进式方法之间的紧张关系。例如,医学界素有寻找能够对患者产生治疗效果的干预措施的优良传统。但是,也许正如外科医生兼研究员阿图·葛文德(Atul Gawande)所言,成功"并非偶发瞬间的成功,尽管这些成功确实发挥了作用。成功是关于能够产生持续进步的渐进步骤的长期观点"。葛文德继续说道:"这才是真正能够扭转乾坤的东西。事实上,这才是通过一系列努力扭转乾坤的方式。"[2] 几十年前,制造业便已知晓并开始实践这种方法了。例如,在丰田著名的生产系统中,工厂工人为解决问题而进行的实时实验是其持续改进系统不可或缺的一部分。即便这样,企业还是希望员工能够形成清晰的可检验的假设,并对尝试改进的逻辑加以解释。[3]

当然,突破性创新与颠覆性创新将继续在推动增长方面发挥重要作用,因为渐进式方法存在局限性。企业确实会陷入局部优

---

[1] J. Rivkin, S. Thomke, and D. Beyersdorfer, "LEGO," *Harvard Business School Case* 613–004 (Boston: Harvard Business School Publishing, 2012).

[2] A. Gawande, "Tell Me Where It Hurts," *The New Yorker*, January 23, 2017.

[3] S. Spear and K. Bowen, "Decoding the DNA of the Toyota Production System," *Harvard Business Review*, September-October 1999. 这篇文章甚至将丰田的工厂工人描述为一个纪律严明且富有创造力的科学家群体,"他们不断推动丰田向零缺陷、即时生产、无浪费的理想靠近"。

化之中，例如为网页按钮找到最佳颜色。如果脚下的梯子只有40英尺高，根本不可能伸手摘星辰。或者某些企业只能进行大规模实验，因为它们没有足够的客户流量来测试微小的变化。即便如此，"一切皆可实验"的方法仍能够帮助我们探索新的问题与解决方案。2017年，缤客进行了一项激进的实验：它将登录页面改成了纯蓝色，只在页面中间留了一个写着"住宿、航班、租车"字样的小窗口。缤客耗费几年时间优化的所有内容和设计元素——图片、文字、按钮和信息——全都消失不见了。一些人认为，变动的项目太多会导致研究者无法分离出因果变量。另一些人则担心实验组（攻擂方B）中的数百万客户第一次打开陌生的登录页面时的反应。他们担心新页面会令客户感到困惑，使他们不做任何操作便直接关闭这个毫无特色的网站。最终，这场实验使缤客了解了客户能够接受多大程度的改变，而后续实验的结果最终会在缤客的主页上体现出来。[1]

投资大规模的实验系统

据报道，一个多世纪以前，百货企业老板约翰·沃纳梅克（John Wanamaker）创造了一句营销格言："我知道有一半的广告费都浪费了，遗憾的是，我不知道是哪一半。"新想法的情况也与之类似：绝大多数想法都会在实验中失败，即便是专家也经常误判哪些

---

[1] Thomke and Beyersdorfer, "Booking.com."

第三章
如何开展在线实验

想法会得到回报。在谷歌和必应,只有 10% ~ 20% 的实验能够产生积极的结果。[1] 在整个微软,事实证明,三分之一的实验结果是有效的,三分之一的实验结果是没有指向性的,还有三分之一的实验结果是负面的。所有这一切都表明,企业需要"亲吻"大量的青蛙——进行大量的实验——才能找到王子。

科学地检验提出的想法需要满足一些基本条件:仪器(记录诸如点击、鼠标悬停、事件时间等)、数据管道、分析师和数据科学家。第三方测试工具和服务能够使运行实验变得更加容易,但是如果要扩大实验规模,就必须将运行实验的能力与企业的流程和组织紧密结合。这将降低每项实验的成本,提高其可靠性,并完善决策。不满足这些基本条件会造成实验的边际成本居高不下,并可能使高级管理人员不愿意进行更多的实验。

从小规模实验入手可以赢得足够多的怀疑者的支持,以便快速提升能力。2007 年 12 月,奥巴马的竞选陷入了困境。[2] 竞选团队希望能够通过建立新的竞选网站来提高选民的参与度并筹集资金。网站的内容不乏创意:视频、图片、按钮、信息等。但是团队成员除了对视频有强烈偏好外,他们并不清楚哪种组合最具有影响力。为了找出答案,他们在超过 30 万网站访问者中测试了 24 种组合。令

---

[1] 在谷歌,曼齐(Manzi)引用了这个成功率。在他下面著作的第一章中引用的较低的成功率(3.9%)包括不太严格的测试如点击评价结果。其著作参见 J. Manzi, *Uncontrolled: The Surprising Payoff of Trial-and-Error for Business, Politics, and Society* (New York: Basic Books, 2012).

[2] D. Siroker, "How Obama Raised $60 Million by Running a Simple Experiment," *Optimizely Blog*, https://blog.optimizely.com/2010/11/29/how-obama-raised-60-million-by-running-a-simple-experiment/, accessed November 22, 2018.

他们惊讶的是，团队首选的内容（视频）的表现比所有实验图像都差。实验结果亦令人惊讶：获胜的解决方案，即家庭图片与"了解更多"的按钮，使访客的注册率比原始页面提高了41%，估计捐款额增加了约6 000万美元。从那时起，实验成为现代政治活动中不可或缺的一部分。

微软为我们提供了一个对实验的基础设计进行测试的好案例，当然，规模更小的企业或业务不那么依赖实验的企业不需要进行如此多的实验。微软的分析和实验团队有80多人，他们会在特定的一天协助运行包括必应、微软小娜（Cortana）、Exchange、MSN、Office、Skype、Windows和Xbox在内的各种产品的数百个在线对照实验。[1] 每个实验都让数万用户，有时是数百万用户，接触一个新的特性或变化。团队对所有这些实验进行严格的统计分析，自动生成记录卡以检查数百至数千个指标以及逐渐变弱的重大变化。必应的实验发展轨迹（见图3-2）为所有试图快速扩大规模的企业提供了宝贵的经验。首先，在2011年左右，企业的测试能力普遍得到提高，实验的数量只受限于企业提出假设的能力。一旦企业达到拐点，即实验增长受到组织问题的制约，管理层就需要关注如文化、将实验纳入决策体系甚至开展专项治理等问题。谁来决定运行哪些实验，启动哪些变更？此外，创建一个能够维持大规模实验的假设管道至关重要。

---

[1] 2017年，40名开发人员从事开发实验平台及其分析工具的工作。此外，该团队还有30位数据科学家、8名项目经理、1名总经理和1名管理员。部分成员有在亚马逊、脸书、谷歌和领英工作的经历。

第三章
如何开展在线实验

必应的实验平台可以做什么？
— 找到对照组和实验组之间的最佳分界
— 进行"预实验"，以确保正式实验时的正确性
— 从小比例的用户开始实验，快速计算实时指标，如有问题，在 15 分钟内中止实验
— 等待数小时以计算更多指标，如果越过了"自动安全护栏"，则中止实验。否则，逐渐将目标用户增加至一个设定的百分比（例如，10%、20% 或 50%）
— 一天后，平台会计算更多指标（>1 000），如果检测到关键的变化，则会发送电子邮件提醒
— 通过（>300 个）并发实验，让用户接触到数十亿种变化

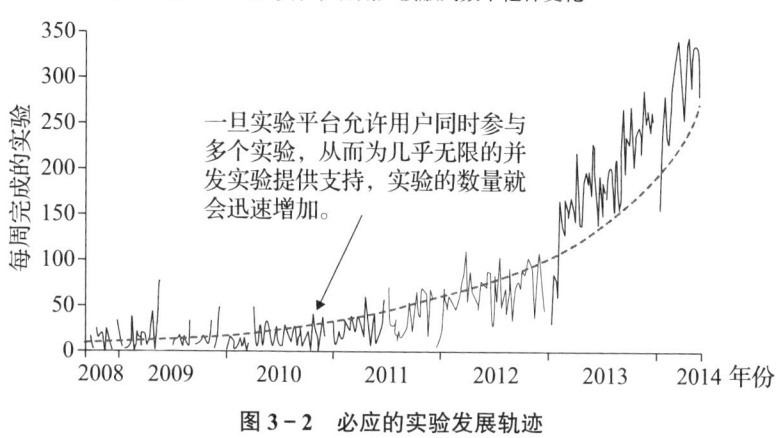

图 3-2 必应的实验发展轨迹

资料来源：R. Kohavi, "Pitfalls in Online Controlled Experiments," paper presented at Code@MIT Conference, MIT, Cambridge, MA, October 14–15, 2016; R. Kohavi and S. Thomke, "The Surprising Power of Online Experiments," Harvard Business Review, September-October 2017.

组织实验人员

一旦承诺培养在线实验能力，管理层有三种模式来组织实验人员：集中模式、分散模式和卓越中心模式。

- **集中模式**。在这种模式中，由一支专家团队（例如，开发人员、用户界面设计师、数据分析师）负责整个公司的实验。

业务单位可以产生想法，但实验的运行和资源供给是集中管理的。这样做的好处是，专家团队可以专注于长期项目——例如，开发更好的实验工具、更先进的统计算法——并充当联络中心。一个缺点是，通过专家团队开展实验的业务部门可能拥有不同的优先事项，这可能导致各业务部门在资源和成本的分配上产生冲突。另一个缺点是，专家团队在处理业务时可能觉得自己是局外人，对业务部门的目标和专业知识不太了解，这可能导致他们更难把握全局、分享相关的见解。此外，专家可能缺乏影响力，无法说服高级管理层投资开发必要的实验工具，无法促使企业和业务部门的管理者开展合作并让管理者相信实验结果。

- **分散模式**。这种模式将专家团队分散到不同的业务部门。这种模式的好处是，专家团队成员可以成为各业务领域的专家。缺点是这些专业人士的职业发展路径不明确，也可能得不到发展所需的同行反馈和指导。其他缺点包括不同业务部门之间很少共享知识，实验目标和关键绩效指标（KPI）相互冲突，以及功能开发协调性差。各业务部门的实验可能没有达到足够的临界数量来证明开发其所需的内部工具的合理性。但是，如果管理层决定使用第三方测试工具，分散模式也许能够帮助他们快速启动实验，有效学习并扩大实验的数量。可以通过这些工具获得大规模实验所需的专业知识，如项目管理或最佳实践建议。

- **卓越中心模式**。第三种模式是将一部分实验专家集中在专门

第三章
如何开展在线实验

的职能部门，另一部分专家则分散到不同的业务部门。（微软使用的就是这种模式。）卓越中心主要关注对照实验的设计、执行和分析。通过建立全公司通用的实验平台并开发相关工具，大大减少了完成这些任务所需的时间和资源。还可以通过举办课程、开展实验和举办会议在整个组织内推广最佳实验实践。主要的缺点是不清楚卓越中心拥有什么，产品团队又拥有什么，当各业务部门增加自己的实验数量时，谁应该支付雇用更多专家的费用，以及谁应该负责去解决那些指示结果不可信的警告。

组织实验人员的三种模式见图 3–3。

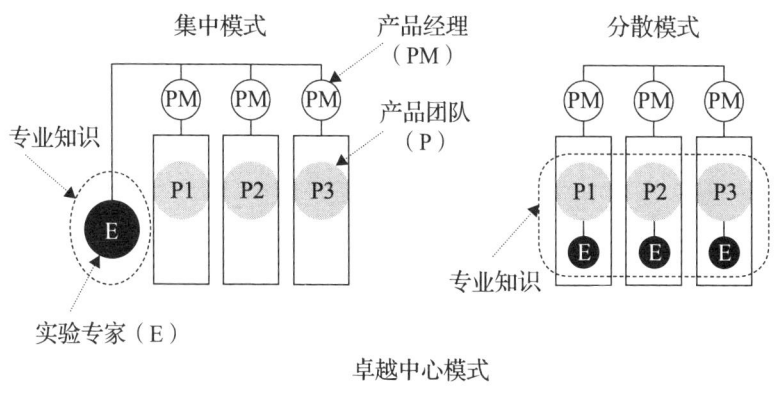

图 3–3 组织实验人员的三种模式

模式并无对错之分。小公司通常从集中模式或使用第三方测试工具开始，然后在发展壮大之后转向其他两种模式中的一种。在拥有多项业务的公司中，那些认为实验属于优先事项的管理者也许并不想等待公司领导制订出组织的协调方案。在这种情况下，分散模式可能行得通，至少在开始时如此。如果在线实验是公司的优先事项，公司可能希望先在中央部门积累专业知识、制定标准，然后再推广到各业务部门并将其纳入产品团队的工作流程。在一些组织中，多学科团队是围绕实验的需要而建立的。缤客的产品团队由设计师、产品负责人和负责设计及启动在线实验的代码开发人员组成。

以资本超市（MoneySuperMarket）为例。这是一家帮助英国家庭比较金融产品和能源的价格、节省相关开销的在线比价公司。尽管公司的管理层清楚实验的价值，但是实验活动的领导者一直是几个网站客户转化率方面的专家。[①] 在检验假设之前，该小组必须将假设的内容发送给供应商，由供应商编写软件代码，这需要 1～3 周的时间。实验至少再运行一个月以获得有意义的结果之后，专家小组必须向公司的业务部门"推销"实验结果的价值。2017 年，这家公司对所有产品（保险、货币、能源等）进行了 66 项实验。亿客行（Expedia）前产品副总裁、资本超市现任保险和家庭服务产品负责人马尼什·加吉里亚表示，为了扩大在线实验的规模和影响，改变组织势在必行。[②] 2018 年，公司进行了近 250 项与产品管理组织紧密结合的实验。实验的运行方式如下：第一，管理层将实验任务分解，

[①] 参见 2018 年 12 月 11 日，对资本超市保险和家庭服务产品负责人马尼什·加吉里亚（Manish Gajria）的采访。

[②] 同①。

将在线实验直接纳入公司的产品开发路线图，产品经理、工程师和数据科学人员因此深度参与了这些实验。高级管理人员在评估会议上要求进行实验，整个组织，而不仅仅是专家，都可以提出想法。第二，公司改用支持全栈实验的第三方测试工具。第三，公司大大加快了测试周期。在资本超市，为了了解例如定价信息显示方式的影响，从提出假设到启动测试只需要 3 或 4 小时。

然而，从实验专家到更分散的方法的转变并非没有挑战。首先，高管们担心实验会失控（事实上并没有发生），或者组织会过于关注增量变化（正如我们前面所看到的，这可能是一件好事）。在这一方面，加吉里亚在亿客行的经验带来了很好的启发："我发现大的变化很少能够产生管理层所期望的影响，最大的收益来自许多快速测试的小变化。"为了扩大实验规模，公司关注的主要指标包括实验次数和接受测试的客户流量。（后者在一年之内从 12% 跃升至 55%。）对实验规模的关注暴露了组织设计无法解决的挑战：如何进行并行实验，如何通过自动化的闭环管理加速客户在收入转化方面的反馈，以及如何增加客户量以获得更强的测试能力。

定义成功的指标

每个业务部门都必须为实验定义一个与其战略目标一致的合适的（通常是综合的）评估指标。听起来可能很简单，但是找到能够很好地预测长期结果的最佳短期指标却很困难。很多公司的做法都是错的。

要把它做好——提出综合评估标准（overall evaluation criterion，OEC）——既需要深思熟虑，也需要经常开展广泛的内部辩论。需要懂战略的高级管理人员与懂指标和权衡的数据分析师开展密切合作。而且，这不是一劳永逸的工作，综合评估标准应该定期调整。

必应的经验表明，为在线实验制定OEC并不容易。必应的关键长期目标是增加其在搜索引擎查询市场上的份额与广告收入。有趣的是，降低搜索结果的相关性会导致用户进行更多的查询（从而增加查询份额）、点击更多的广告（从而增加收入）。显然，这种收益只是短暂的，因为人们最终会转向其他搜索引擎。那么，哪些短期指标的确能够预测查询份额和收入的长期改善呢？在对OEC的讨论中，必应的高管与数据分析师决定，他们希望最大限度地减少每个任务或会话的用户查询次数，最大限度地增加用户执行的任务或会话数量。

分解OEC的各组成部分并对其进行跟踪也很重要，因为它们通常能让人了解为什么一个想法能够成功。例如，如果点击次数是OEC不可或缺的一部分，那么衡量页面的哪些部分被点击就很重要。观察不同的指标至关重要，因为可以帮助团队发现一项实验是否对另一个领域产生了意想不到的影响。例如，对显示的相关搜索查询进行更改（例如，搜索"哈利·波特"将显示关于哈利·波特系列书籍、电影以及演员阵容等的查询）的团队可能并未意识到这一变动改变了查询的分布（通过增加对相关查询的搜索），这可能会对收入产生积极或消极的影响。

随着时间的推移，构建和调整OEC以及了解原因和结果的过程变得更加容易。通过开展实验，分析实验结果并对其进行解释，公司不仅可以获得宝贵的经验，了解哪些指标对哪些类型的测试最有效，同时还可以开发新的指标。多年来，必应已经开发了 6 000 多种实验者可用的指标，这些指标可以按照测试涉及的领域（网页搜索、图片搜索、视频搜索、广告变化等）归为不同的模板。第三方测试工具通常会提供默认指标（例如，用户转化率、收入），但也给企业很大的自由度，让它们定义自己的指标。

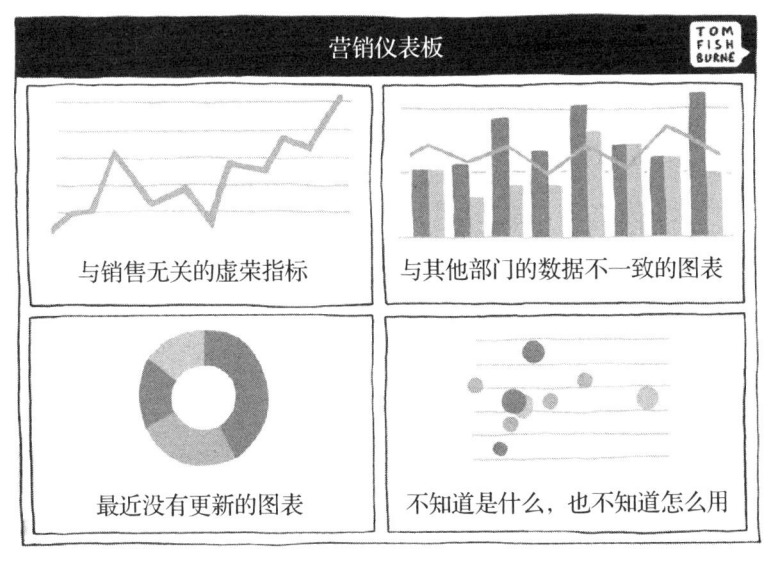

指标与业绩图表存在的问题

建立对系统的信任

如果人们不相信实验结果，那么评估标准再好也没用。获取数据十分容易，但是获取可信的数据却很难。当盖璞（Gap）在 2016 年决定修复其失败的数字模式时，其在线销售增长基本停滞。对于改善客户体验而言，实验不可或缺。但是如果业务部门进行的测试偏离了基本模型，那么公司内部的实验工具就不再可靠。因此，盖璞的一位高管称："每次测试都成为一场斗争，'我不想在我的网站上做这个 [测试]。我不想做这个测试。这是在拿业务冒险……'"公司不得不通过建立对系统的信任重新开始，这在一定程度上是通过与解决了业务部门问题的第三方测试工具供应商的合作来实现的。[①] 最终，盖璞取得了成功，广泛的测试表明，更加个性化的体验显著提高了每次访问带来的收入和客户转化率。

为了建立信任，管理者需要分配时间和资源来验证实验系统，并采取自动检查和保障措施。即使使用了第三方测试工具或服务，检查其统计引擎的质量也很重要。一种方法是运行严格的 A/A 测试，即对某个事物本身进行测试，以确保系统在 95% 的时间内均能正确识别出统计上并不显著的差异。这个简单的方法已经帮助微软识别了数百项无效的实验和对公式的不当应用。

最优秀的数据科学家都是怀疑论者，他们遵循特维曼定律："任何看起来有趣或不同的数据往往都是错误的。"令人惊讶的结果应该具备可复制性——既要确保它们是有效的，也要消除人们的疑虑。例如，必应在 2013 年对其搜索结果页面上出现的包括标题、链接和图片文字说明在内的各种文本的颜色进行了一系列实验。尽管颜色

[①] 2018 年 9 月，盖璞高级数字副总裁诺姆·帕兰斯基（Noam Paransky）在拉斯维加斯的 Opticon 会议上介绍了盖璞在实验方面取得的进展。

的变化很细微,但实验结果却出乎意料:看到标题色调略深而图片说明文字色调略浅的用户的搜索成功率更高,而且搜索所耗的时间明显缩短。

由于色差几乎难以察觉,包括设计专家在内的多个学科的专家都对这一结果持怀疑态度,这完全可以理解。(多年来,微软和许多公司一样,依赖专业设计师——而不是测试实际用户的行为——来定义企业的风格和颜色。)因此,微软在 3 200 万用户的更大样本中重新进行了实验,并得到了相似的结果。[1] 分析表明,将颜色的改变推广到所有用户之后,每年将增加 1 000 多万美元的收入。

确保员工理解结果

要建立对系统的信任还需要员工能够理解实验结果,并且数据质量高。这将使管理者免于做出偏颇的决定,并让执行这些决策的人充满信心。

实验者及其管理者,甚至是那些具有统计学背景的人,也经常曲解对照实验的结果。[2] 他们可能会改变他们的商业模式,认为实验中出现的收入增长是真实的,但事实并非如此。或者他们可能错误地认为实验失败,而事实上只是结果不确定而已。得出错误结论的原因不仅仅是设计上出了问题,如样本量较小等。通常,这是由于

---

[1] 从技术上讲,衡量收入变化的 p 值(统计学意义上的衡量标准)为 0.000 000 005(远低于通常所用的 0.05 的阈值)。

[2] 罗尼·科哈维和我撰写了本节的初稿,不过 2017 年发表在《哈佛商业评论》上的文章中并未包含这一部分。当然,如果现在的修订版存在任何错误,完全由我负责。

管理者对一些基本的统计概念做出了错误的解释。[①]因此,管理者必须理解实验人员所用的概念和语言。表3-1涵盖了在线实验中使用的术语,这些术语也适用于更广泛的实验。

表3-1 在线实验中使用的术语

术语	释义	示例
假设	一个可检验的命题,通常是关于一种实验方法对一个可测量指标的因果影响	"推迟一小时营业[实验]会对销售额[指标]产生影响。"
原假设	实验方法与指标之间没有关联	"推迟一小时营业不会导致销售额大幅下降。"
备择假设	实验方法与指标之间存在关联	"推迟一小时营业会对销售额产生影响。"
对照组("擂主")	通常指目前的做法(原始做法)	开始营业时间不变
变体或实验组("攻擂方")	不同的实验水平	推迟一小时,推迟两小时等
A/B/n 测试	用户随机接触对照组(A)和实验组(B/n)并对结果加以比较	当前网站(A)与使用了不同字体颜色的变体(B/n)进行比较,并比较它们的客户转化率
第一类错误(假阳性)	不存在关联时发现关联(拒绝真实存在的原假设)	我们得出结论,推迟一小时营业会对销售额产生影响,即便事实上并没有影响

[①] S. Goodman, "A Dirty Dozen: Twelve P-Value Misconceptions," *Seminars in Hematology* 45 (2008): 135–140. *p* 值在数据分析中使用广泛,但人们往往对其理解不深。该文作者分析了12种会对实验结论产生重大影响的常见误解。

第三章
如何开展在线实验

续表

术语	释义	示例
p 值	发生第一类错误的概率（阈值通常选择 0.05 或 0.10）	$p = 0.05$ 时，我们有 5% 的概率会得出错误的结论：推迟一小时营业会影响销售额
置信度	不存在关联时没有发现关联（未能拒绝正确的原假设）	置信度 = $1 - p$；当 $p = 0.05$ 时，置信度为 95%
第二类错误（假阴性）	存在关联时没有发现关联（未能拒绝错误的原假设）	我们得出结论，推迟一小时营业不会对销售额产生影响，即便事实上存在影响
把握度（真阳性）	存在关联时发现关联（拒绝错误的原假设）的概率，把握度随着样本量、效应大小和显著性水平的增加而提高	我们得出结论，推迟一小时营业对销售额产生影响（假设为真时，期望的把握度通常介于 0.80 和 0.95 之间）
A/A 测试	目前的做法与自身相比	检查实验工具的质量（如果 $p = 0.05$，则原假设应有 5% 的概率被拒绝）
多变量实验	同时测试变量的组合（以寻找交互效应）	测试推迟一小时营业和店内提供免费早餐对销售额的影响（检查可能存在的交互效应）
全栈实验	从后端代码到用户界面的所有软件层	算法变化（例如，定价模型、折扣）、代码变化

资料来源: S. Thomke and D. Beyersdorfer, "Booking.com," Harvard Business School Case 619–015 (Boston: Harvard Business School Publishing, 2018).

为了理解背后的原因，让我们回顾一下我们能从实验中学到什么。一个简单的 A/B 测试会将样本用户分为对照组和实验组，我们为感兴趣的指标计算样本均值。需要注意的是，即使基础均值相同，样本均值也可能因样本随机性而不同。处理效果是两个样本均值之间的差值，而 p 值是在假设没有实际的处理效果的情况下（换句话说，在原假设的情况下）观察到的差值（或更大的差值）偶然发生的概率。由于 p 值是一个概率，介于 0 和 1（或 0 和 100%）之间。p 值较低时（在科学领域通常指 p 值低于 0.05，但在在线实验中 p 值通常为 0.10），我们拒绝原假设，接受备择假设，即实验效果不为 0。[1]

让我们来看一则案例：研究人员通过对照实验来评估针对网站的某项拟议的改进能否增加收入。实验结果表明，拟议的改进使实验组的平均收入比对照组的平均收入高 2%，p 值为 0.05。这意味着，如果原假设（拟议的改进对收入没有影响）成立，那么我们观察到收入提高 2% 或更高的可能性为 1/20 或 5%。由于概率很低，p 值提供了强有力的证据，证明拟议的改进确实会对收入造成影响，这不是偶然现象。

但是这里存在一个问题。管理者也可能得出这种影响不为真的风险只有 5% 的结论，并在成本效益分析中使用这个数字。我们来分析一下为什么这是错误的：p 值表示在处理无效的情况下，观察到

---

[1] 关于 5% 的 p 值，参见 M. Cowles and C. Davis,"On the Origins of the 0.05 Level of Statistical Significance," *American Psychologist* 37, no. 5 (1982): 553–558。设定显著性水平是一种选择，选择 5% 的水平是基于长期以来的科学惯例。当公司像在线实验经常做的那样将其设定为 10% 时，它们需要意识到这是一个更低的证据门槛，而不是将实验结果视为事实。

第三章
如何开展在线实验

的结果（或一个更极端的结果）发生的概率。但是管理者想知道的是相反的情况：在观察到的结果下，由处理导致这个结果发生的概率。为了计算，我们需要使用一种叫作贝叶斯法则的统计方法，该法则以托马斯·贝叶斯（Thomas Bayes）的名字命名。根据贝叶斯法则，在计算一个事件的概率时，应将先验知识，甚至信念包括进来。例如，一个人的年龄（或其他相关条件）可以帮助我们更准确地评估他患关节炎的概率。

让我们再看一个案例。微软事先知道，按照综合评估标准——旨在评估实验结果是否符合公司战略目标的关键指标（或几项指标），大约有三分之一的实验结果确实能够提高性能。假设一个实验有足够数量的用户（企业自己的统计学家或工具可以计算出统计把握度达到 80% 时的用户数量，关于把握度的定义，见表 3-1），并且实验结果的 p 值仍为 0.05。处理效果为假的概率有多大？如果你把先验知识包括进去的话，就不是上面所说的 5%，而是 11%（使用从贝叶斯法则推导出来的数学公式）。[1] 我们的直觉是：概率增大，因为过去的实验证据（三分之二的实验未能提高性能）现已纳入分析。现在让我们假设，一个创新团队研究的领域是一个历史上成功率只有五百分之一，而非三分之一的突破性类别，实验的 p 值仍为 5%。重新计算效果为假的概率现在跃升至 96.9%，这与管理者在成本效益计算中可能错误使用的 5% 存在巨大的差异。

最后，需要注意的是，低 p 值并不意味着实验者应该宣布实验

---

[1] Kohavi et al.,"Seven Rules of Thumb"中包括该公式，见其中的第 2 条规则。

成功。如果实验结果与之前的经验冲突，应该重新进行实验，最好是增加样本量，降低显著性阈值。现代统计学创始人罗纳德·费舍尔总结实验的一个目的："就个人而言，倾向于将显著性的阈值定在5%，并完全忽略所有达不到这一水平的结果。只有当一个设计合理的实验很少不能达到这种显著水平时，才能认为一个科学事实在实验中是成立的。"[1]

检查你的数据是否具有高质量

要使结果可信，就必须使用高质量的数据，剔除异常值，发现数据收集过程中存在的错误等。出于多种原因，在网络世界中，这个问题尤其重要。以网络机器人为例。在必应，超过50%的请求来自软件机器人，它们通过网络自动运行任务。这些数据可能会扭曲结果或添加噪声，使得检测统计显著性变得更加困难。另一个问题是异常值普遍存在。例如，亚马逊发现某些个人用户订购了大量图书，这可能会影响整个 A/B 测试。结果发现这些账户是图书馆账户，其数据需要调整或删除。

当一些细分市场的影响比其他市场大得多或小得多时（统计学家称这种现象为异质性处理效应），你也应该小心。在某些情况下，一个好的或差的细分市场可能会扭曲平均值，足以使整个结果无效。微软的一项实验就出现过这种情况。由于一个 JavaScript 的错误，微软的一个细分市场，即 Internet Explorer 7 的用户无法点击必应搜索

---

[1] R. Fisher, "The Arrangement of Field Experiments," *Journal of the Ministry of Agriculture of Great Britain* 33 (1926): 503–513.

的结果，致使原本积极的整体结果变成了消极的结果。实验工具应该检测出这些不寻常的细分市场，否则，关注平均效果的实验者可能会把好主意当成坏主意而不予考虑。

如果公司在不同的实验中重复使用相同的对照组和实验组，结果也可能出现偏差。这种做法会导致延滞效应，即人们在一个实验中的经历会改变他们未来的行为。为了避免出现这种现象，公司应该"更换"参与实验的用户。

微软实验平台进行的另一项常见检查是验证实际实验中对照组和实验组的用户百分比是否与实验设计相符。如果不符，就存在样本比例偏差问题，这通常会导致实验结果无效，因为实验结果可能会受到偏差的影响。[1] 例如，50.2/49.8 的比例（821 588 对 815 482 个用户）与预期的 50/50 的比例相去甚远，即偶然发生的概率低于 1/500 000，这种不匹配的情况经常发生（通常是每周一次），团队需要努力了解原因并解决问题。

保持简洁

由于过去的实验成本很高，科学家和工程师一直努力从每个实验中得到更多的收获。相比之下，在线实验几乎是免费的，只要有合适的基础设施，很容易就能启动。获得非常大的样本量（数百万

---

[1] R. Kohavi and R. Longbotham, "Online Controlled Experiments and A/B Tests," in *Encyclopedia of Machine Learning and Data Mining*, ed. C. Sammut and G. Webb (New York: Springer, 2017).

用户）使公司有能力检测到微小变化的影响。因此，人们很容易把所有东西都扔向那面众所周知的墙，看看哪些能够留下来。

但是这样的策略会阻碍学习。在实验中包括太多变量会使我们难以了解因果关系，尽管我们也许能够了解到一些总体性的影响或方向性的东西。有了这样的实验，就很难理清结果并对其进行解释。理想情况下，实验应该足够简单，以使因果关系易于理解。实验设计过于复杂的另一个缺点是，更容易出现错误。如果某项新功能有10%的概率会触发需要中止实验的异常问题，那么包含七项新功能的变化将有超过50%的概率出现致命的错误。

另外，实验团队可能会忙于测试每一个微不足道的决定，几乎没有为突破性思维留下任何空间。例如，谷歌曾测试过41种不同等级的蓝色，仅仅因为产品团队无法决定一个工具条的颜色和形状。[1] 回顾所有针对不重要的细节所做的实验，一位设计师在从谷歌离职的前一天感叹道："最近我们就边框的像素宽度究竟应该是3、4还是5争论不休，大家要求我证明自己的观点。我无法在这样的环境中工作……这个世界上还有更多令人兴奋的设计问题有待解决。"[2] 也许最大的风险是，团队可能会被琐碎的复杂性淹没，没有通过实验实现探索所需的大飞跃来探索全新的领域。这也是没有机会接触到大量客户样本的小公司能够茁壮成长的领域：进行更大规模的实验。

---

[1] L.M, Holson, "Putting a Bolder Face on Google," *New York Times*, February 28, 2009.

[2] D. Bowman, "Goodbye, Google," *Stopdesign* (blog), March 20, 2009, https://stopdesign.com/archivc/2009/03/20/goodbye-google.html, accessed April 27, 2018.

第三章
如何开展在线实验

　　培养进行大规模实验的能力并不意味着团队无须仔细思考实验的设计。实验应该易于理解，其实施有相应的保障并且于人类决策有益。统计学家乔治·博克斯（George Box）曾打趣道："所有模型都是错的，但有些还是有用的。"这意味着增加许多变量并测试它们之间的相互作用未必能够使实验更加有用。[1] 最有用的实验有时可能是更简单的实验。

　　产品开发团队也开始在硬件开发中运用这个原则。[2] 这种多多益善的态度解释了为什么今天的产品如此复杂：遥控器似乎无法使用，电脑设置需要耗费几个小时，汽车上开关和旋钮的数量甚至可以与飞机驾驶舱相媲美。苹果公司是个例外，因为它的管理层相信，简单也可以是终极的复杂。很难让公司接受并实施"少即是多"的原则，因为这样做需要在界定问题时付出额外的努力。阐明团队试图解决的问题是创新过程中最被低估的部分。太多公司在这方面投入的时间太少。但是这个阶段至关重要，因为正是在这个阶段，团队对他们的目标有了清晰的理解，并产生了可以通过实验来检验和完善的假设。问题陈述的质量决定了团队能否关注真正重要的变化。

---

[1] 参见 G. Box, "Robustness in the Strategy of Scientific Model Building," in *Robustness in Statistics*, ed. R. L. Launer and G. N. Wilkinson (New York: Academic Press, 1979), 201–236。一种有趣且相关的做法是使用正交表进行实验设计。这些正交表关注的是被调查变量的主要影响。虽然没有全因子设计的那么精确——全因子设计包括变量之间的相互作用，哪怕只有几个变量也会使其变得非常复杂——但马达夫·法德克（Madhav Phadke）描述了正交设计在工程问题的两步优化中的作用（称为田口方法），参见 M. S. Phadke, *Quality Engineering Using Robust Design* (Englewood Cliffs, NJ: Prentice-Hall, 1989)。

[2] S. Thomke and D. Reinertsen, "Six Myths of Product Development," *Harvard Business Review*, May 2012.

实验工作法
EXPERIMENTATION WORKS

打造自己的学习实验室

尽管本章所描述的七项实践（表3-2以问题的形式加以总结）需要时间来推广，但是现在可以通过第三方测试工具广泛开展在线实验，而且人们对A/B测试的兴趣也在提高。[1] 实际上，许多公司已经开始使用在线实验来评估变化。为了解企业如何检验商业假设，领先的实验平台Optimizely允许我和哈佛商学院的博士生苏罗布·戈什（Sourobh Ghosh）以匿名形式访问其客户在2016年11月至2018年9月间进行的所有实验。（Optimizely庞大的客户群包括超过26家《财富》100强公司。[2]

表3-2 在线实验的最佳实践

测试	• 我们是否使用A/B测试来优化客户体验、软件变化和商业模式？ • 我们是否将A/B测试的结果纳入管理层的决策之中？
渐进主义	• 我们是否意识到了小变化的价值？ • 我们成功和失败的速度够快吗？
规模	• 如何扩大在线实验规模？需要考虑的基础设施问题：人际技能、易用性、项目管理、统计引擎的质量、全栈能力等等。
组织	• 我们的组织模式是否正确（集中模式、分散模式或卓越中心模式）？

---

[1] R. Koning, S. Hasan, and A. Chatterji（"A/B Testing and Firm Performance"，[working paper, October 24, 2018]）. 该文作者发现，在接受调查的2008年成立的7 116家初创公司中，约75%的公司使用了A/B测试工具。（2013年成立的公司也是如此。）此外，约25%的公司在运营的第一年内使用了A/B测试工具。

[2] 自2018年1月以来，我一直是Optimizely的独立顾问。本章所述的研究项目与我的顾问工作无关，也没有得到Optimizely的资助。（项目的资金由哈佛商学院研究部提供。）

第三章
如何开展在线实验

指标	• 我们的综合评估标准是什么？ • 我们的短期指标能否很好地预测长期结果？
信任	• 我们是否定期检查工具的统计引擎的质量（例如，通过运行 A/A 测试）？ • 我们是否理解实验结果（例如，p 值的含义）？ • 该工具是否有自动检查功能并提供保障措施，以标记可能歪曲结果的异常情况（例如，异常值、数据收集过程中存在的错误）？
简洁	• 我们是否包括了太多的变量？简单的实验设计更有利于理解因果关系、做出决策。 • 我们是否测试了太多琐碎变化的变体？

我们利用这些数据创建了一个大型数据库，并仔细检查了其稳健性和数据完整性。根据几项质量标准，如足够的客户流量（每周有超过 10 000 名访客）、真实验（没有 A/A 测试或错误修复）等对这些实验进行筛选。[①] 最后，我们筛选出来自 1 342 个客户的 21 836 项实验。为了衡量实验影响，我们把重点放在了每个实验所取得的提升度（百分比）以及它是否具有统计学意义上。简单说一说关于每个客户的平均实验数量：我们的质量和稳健性过滤器是严格公正的，总数低估了组织在 Optimizely 平台上实际进行的实验数量——但差异不大。同样，要想充分释放在线实验的潜力，本数据库中的大多数公司都应进行更多的实验。（第四章将介绍如何解决流程、文化和管理的问题，以推动实验规模的增长。）

以下是我们初步分析的发现：

---

① 我们使用了不同的措施来衡量实验的影响：（1）在具有统计意义的情况下（在大多数测试中，$p = 0.1$），所有测试的变体的最大/最小提升度；（2）在具有统计意义的情况下，所有变体产生的平均提升度；（3）任何变体的统计意义。

- 除了对照组之外，变体的平均数量是 1.5（中位数是 2），大约 70% 的实验是简单的 A/B 测试。尚不清楚企业是否有意保持实验的简单性，还是刚开始时采用这种方式。
- 一项实验的持续时间中位数是 3 周，但平均时间是 4.4 周，这就是原因。许多实验持续了几个月，而且很难证明为什么一些实验需要超过 15 或 20 周。最有可能的是，组织实践不力，缺乏流程标准。
- 在我们的研究中，实验次数最多的行业是零售业、高科技行业、金融服务业和媒体行业。我们发现，高科技公司是最"高效"的测试者。（每项实验的提升度更高。）
- 总的来说，19.6% 的实验在其主要指标上达到了统计显著性。请大家注意：10.3% 的实验指标显著为正，9.8% 的实验指标显著为负。如果主要指标是（正）客户转化率，负结果可能会阻止公司推出会造成损失的功能，假设它在未来的实验中保持不变。（回想一下，在微软，大约三分之一的实验结果为负。）
- 大型数据集也让我们能够回答一个基本问题：变体是否比基线表现得更好？可以肯定的是，我们剔除了异常值，这样分析就不会有偏差，最终得到了 30 000 多个变体。证据有力地表明，平均而言，变体比基线更好（$p = 0.000$）。换句话说，我们可以大声地宣布：实验是有效的！[①]

[①] Koning, Hasan, and Chatterji（"A/B Testing and Firm Performance"）发现采用了 A/B 测试工具的初创企业往往业绩更好（按页面浏览量和用户参与度衡量）、融资成功率更高。

第三章
如何开展在线实验

这个研究项目还在进行之中,但是初步研究的结果可以帮助我们对各行各业的组织都在做些什么有所了解。随着我们继续对 Optimizely 的客户数据库进行分析,更多关于实验的见解将会出现。有一点是肯定的:网络世界动荡不安且充满危险,但是对照实验可以帮助我们驾驭它。在答案不明显、人们持有不同观点或者不确定一个想法的价值时,对照实验可以为我们指明正确的方向。几年前,必应内部就是否需要增加广告面积以便广告商在其中加入指向特定网页的链接产生了争议。例如,一家贷款公司可以提供"比较利率"和"公司简介"之类的链接(见图3-4),而不仅仅是指向主页的链接。这样做的潜在好处是每个广告的点击率更高。

A. 对照组

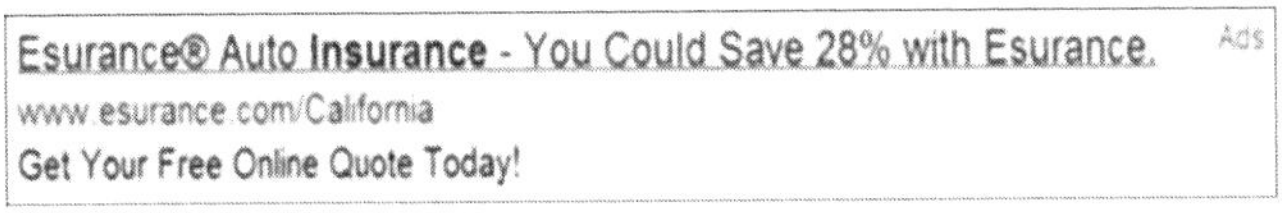

Esurance® Auto **Insurance** - You Could Save 28% with Esurance.   Ads
www.esurance.com/California
Get Your Free Online Quote Today!

B. 底部带网站链接的实验组

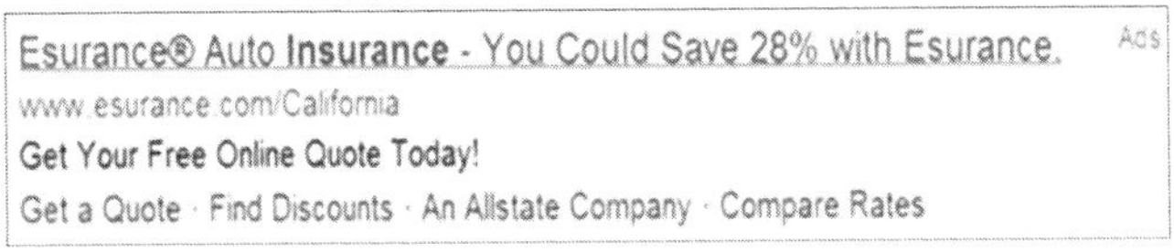

Esurance® Auto **Insurance** - You Could Save 28% with Esurance.   Ads
www.esurance.com/California
Get Your Free Online Quote Today!
Get a Quote · Find Discounts · An Allstate Company · Compare Rates

图 3-4 广告链接实验

资料来源:R. Kohavi et al., "Online Controlled Experiments at Large Scale," *Proceedings of the 19th ACM SIGKDD International Conference on Knowledge Discovery and Data Mining* (*KDD*'13), Chicago, August 11–14, 2013, New York: ACM, 2013.

这样做的一个缺点是,增加广告面积显然会占用更多的屏幕空间,众所周知,这会增加用户的不满并提高用户流失率。人们对此意见不一。因此,必应团队尝试在保持分配给广告的总体屏幕空间不变的情况下增大广告的尺寸,这意味广告的数量将减少。结果显示,减少广告数量同时增大广告尺寸带来了巨大的改善:年收入增加了 5 000 多万美元,同时用户体验的关键方面并未受到损害。

如果想要了解某项实验的价值,只要看看预期结果与实际结果之间的差异就可以了。如果你认为会发生某些事情,而它确实发生了,那么你就没有什么收获。如果你认为会发生某些事情,而它却没有发生,你就掌握了一些有意义的信息。如果你认为会发生一些小事情,而结果却出现了导致突破的大惊喜,那么你就学到了非常有价值的东西。

通过将软件平台的力量与在线对照实验的科学严谨性相结合,企业可以将自己变成学习实验室,以事实为依据做出决策。你所获得的回报可能是巨大的:节约成本、创造新的营收、大大提升用户体验。这里最重要的是规模:生成、运行和消化理解大量实验的能力。

第四章
EXPERIMENTATION
WORKS

打造大规模实验的文化

21世纪初，詹姆斯·麦克纳尼（W. James McNerney）成为3M公司的首席执行官之后，迅速着手精简企业，提高其效率。他收紧预算，解雇了数千名工人，并实施了六西格玛战略——20世纪80年代引入的旨在提高制造质量的严格的流程改进方法。表面上看，麦克纳尼的行动似乎合情合理。毕竟，这些措施在通用电气效果很好，他在那里担任了十多年的高管。但是现在，在3M积极打造效率文化的过程中，有些东西正在消失。这家推出了新雪丽、思高洁、便利贴等一系列畅销产品的企业，正在丧失创新优势。一个有力的统计数据概括了这个问题：过去，三分之一的销售额来自新产品（过去五年推出的）；到2007年，这一比例已降至四分之一。[①] 并非只有3M一家企业如此。许多企业一直在努力减少浪费，提高效率。为此，它们鼓励管理者打造以资源利用、流程标准化、可预测时间表与交付成果为中心的企业文化。

不幸的是，正如3M企业所发现的那样，原本旨在杜绝制造可变性的方法可能会对创新造成意想不到的后果。在生产实物产品的世界里，生产任务具有重复性，生产活动能够合理预测，在同一时间，产品只能处于一处。在创新领域中，许多任务都具有独特性，

[①] B. Hindo, "At 3M, a Struggle between Efficiency and Creativity," *BusinessWeek*. June 6, 2007.

项目需求不断变化，而产出——某种程度上归功于计算机辅助设计与仿真工具的广泛使用——则是可同时存于多处的信息。[①] 如果未能认识到这些关键的差异，就会影响实验的规划、执行与评估。事实上，消除可变性会阻碍实验的开展，而实验是创新的命脉。

我们已经在之前的几章中介绍了实验的价值。考虑到这一价值，我们必须提出一个问题：为什么企业不进行更多、更广泛的实验呢？当然，提高效率的努力创造了追求可预测性的企业文化。然而，另一个因素可能也在起作用：高级管理人员往往有强烈的动机去关注近期目标，并因坚持计划而获得奖励。行为经济学家丹·艾瑞里（Dan Ariely）认为，企业往往对实验望而却步，因为它们不善于为了实现长期收益而容忍短期损失。他说："企业（与人们）因不善做出这些取舍而闻名。"[②] 经济困难时期，市场条件迫使许多企业勒紧裤腰带，因此，这种商业短视行为会进一步增多。

为了能够成功创新，企业需要打造即使是在预算紧张的情况下也要进行大规模实验的文化，而且大规模实验从未如此便宜与便捷。计算机仿真、A/B 测试工具以及书中提及的其他方法能够帮助团队源源不断地提出各种假设性问题。事实上，一旦企业通过内部或第三方测试工具构建起实验能力，往往就能发现阻碍其进行更多实验的瓶颈已经从技术制约转变为文化制约。要打造包括大规模与大范围实验所需的共同行为、信仰和价值观在内的真正的实验文化，领导

---

① S. Thomke and D. Reinertsen, "Six Myths of Product Development," *Harvard Business Review*, May 2012.

② D. Ariely, "Why Businesses Don't Experiment," *Harvard Business Review*, April 2010.

第四章
打造大规模实验的文化

者需要确保企业具备实验文化的七个特征:(1)学习心态;(2)奖励与价值观及目标一致;(3)态度谦逊;(4)正直诚信;(5)信任工具;(6)欣赏探索;(7)接受新领导模式的能力。[1] 见表4-1。

表4-1 实验文化的七个特征

学习心态	• 感受惊喜。 • "未成功"即未失败,失败并非错误(错误产生的新信息或有用的信息很少)。
奖励与价值观及目标一致	• 避免发布混杂的信息。 • 保持激励措施与工作目标一致。
态度谦逊	• 人们接受与其利益、信仰和规范相悖的实验的结果(塞梅尔韦斯反射)。 • 就创新而言,薪资最高者的意见不比其他员工更有分量。
正直诚信	• (真实与感知的)实验道德规范是一个组织培训、指导和讨论的一部分。
信任工具	• 对工具的信任有助于使用与集成工具。
欣赏探索	• 组织能够在通过创新创造价值(探索)与通过运营获取价值(开发)之间保持健康的平衡。
接受新领导模式的能力	• 领导者专注于:(1)设定一个巨大的挑战;(2)为大规模实验建立值得信赖的系统、资源、组织设计和标准;(3)成为所有员工的榜样,遵守与他人相同的规则。

特征1:学习心态

尝试各种——有时甚至看似荒谬的——想法对创新至关重要。

---

[1] S. Thomke, *Experimentation Matters: Unlocking the Potential of New Technologies for Innovation* (Boston: Harvard Business School Press, 2003). 本书部分章节借鉴了此书的内容,包括概念和案例等。

但是，一旦人们开始更迅速、更频繁地进行实验，大多数实验就不可避免地会遭遇失败。我们在第三章中了解到，必应与谷歌进行的在线实验中只有10%～20%产生了积极的结果：攻擂方（B，实验组）比擂主（A，对照组）表现得更好。更重要的是，越早通过测试发现失败的想法，它们就越不可能发展成关键绩效指标。这种早期失败不仅是可取的，也是必要的，因为实验者可以迅速排除不利选项，将精力重新集中在更有前途的替代方案上（这些方案通常建立在最初不成功的想法之上）。在确认现行方案依然有效之后，管理层也可以将注意力转移到其他新颖的商业策略上，而不是针对攻擂方展开毫无结果的辩论。换句话说，"早败常败"不仅可取，而且是实验项目天然的副产品。发现一款新车型没有吸引力，一种新饮料不符合消费者的口味或者一个全新的界面令客户困惑不解，这些都可能是实验的理想结果，只要这些结果是在资源投入较少、设计仍然灵活、替代解决方案可测的情况下发现的。[①] 换句话说，未成功的实验并不是失败的实验或浪费时间。如果说有什么不同的话，低失败率表明员工不愿意冒险。

只有当实验设计不佳或执行不力，并且得出的结论不确定时，它才是真正的失败。例如，想象一下测试新产品优惠券有效性的实

[①] 伦纳德 – 巴顿（Leonard-Barton）和西特金（Sitkin）都将这些结果称作智慧型失败。西特金列出了导致智慧型失败的五个关键特征：源自经过计划且深思熟虑的行动，结果不确定，规模适中，迅速执行与响应，以及发生在足够熟悉且允许有效学习的领域。参见 D. Leonard-Barton, *Wellsprings of Knowledge: Building and Sustaining the Sources of Innovation* (Boston: Harvard Business School Press, 1995); S. Sitkin, "Learning through Failure: The Strategy of Small Losses," *Research in Organizational Behavior* 14 (1992): 231–266。

验，一半的客户获得了周六使用的优惠券，另一半的客户没有获得周六使用的优惠券。即使营收因此而增加，也不清楚到底是优惠券还是周末效应造成的。一种更好的设计是随机选择两组客户并发放同一时间使用的优惠券。

感受惊喜

即使你尚未意识到要尝试实验，也可以有同样的学习心态。亚马逊推出面向移动设备的飞机塔防游戏"空中爱国者"（Air Patriots）的修订版时，开发团队感到十分惊讶。[1] 这款游戏已经通过了所有的质检，但其难度却在无意中提高了 10% 左右。团队并未在意。然而，游戏的七天保留率骤降 70%，营收减少了 30%。团队没有宣布项目失败，而是想知道如果降低游戏难度是否会导致保留率和营收出现同样幅度的增长。为了找到答案，他们进行了四个难度级别的 A/B/n 测试，此外还安排了一个对照组，结果发现最简单的版本最受欢迎。进一步的改进之后，亚马逊推出了新版"空中爱国者"，这一次，用户的游戏时长增加了 20%，营收上涨了 20%。团队成员表示，做出这些改变大约花了一天的时间。一个意外带来了一个令人惊讶的发现，团队可以在亚马逊的实验工具上进行优化。

惊喜的难处在于……它们令人惊讶。很难像管理人员经常要求

---

[1] 这则轶事取自 P. Heinrich, "A/B Testing Case Study: Air Patriots and the Results That Surprised Us," *Amazon's Appstore Blogs*, January 16, 2014, https://developer.amazon.com/es/blogs/appstore/post/TxO655111W182T/a-b-testing-case-study-air-patriots-and-the-rcsults-that-surprised-us, accessed November 2, 2018。

的那样精确地估计惊喜的价值。相比之下，一项行动的成本更容易计算。经济学家阿尔伯特·赫希曼（Albert Hirschman）曾指出，有时，解决这种不对称性的方法是故意误判。"创造力总是突然闪现，"他写道，"因此我们从不指望它，在它出现之前也缺乏相信它的勇气。换句话说，我们不会有意识地参与那些明显需要创造力才能获得成功的任务。"[1] 诚然，管理者不愿将资源分配给那些必须依靠创造性飞跃，也就是惊喜，才能获得成功的活动。赫希曼认为，解决办法是低估所需的东西。"因此，充分发挥自身创造性资源的唯一途径就是误判任务的性质，以一种更常规、更简单、更无须真正创造力的方式将其呈现给自己。"[2]

当然，解决这一难题的办法是建立一种重视惊喜和创造力的文化，尽管很难确定其经济价值。实验文化的核心是品味—享受—惊喜并积极寻求惊喜，这既是实验的起点，也是实验的结果。在工作场所创建实验文化不仅是为了迎合赫希曼的论点、降低行动的成本，也是为了提升实验的好处，从而增加获得这些幸福意外的可能性。

"未成功"即未失败

管理者如果因为担心在低收益实验上浪费时间而过分强调成功，可能会在无意中鼓励员工关注自己熟悉的解决方案和短期收益。仍

---

[1] A. Hirschman, "The Principle of the Hiding Hand," *National Affairs* (Winter 1967): 10–23.

[2] 同[1]。

第四章
打造大规模实验的文化

以第三章提到的英国在线比价企业资本超市为例。[1] 2017 年,一个由六到七位网站转换专家组成的小组负责实验。由于他们全年只进行了 66 项实验,管理层非常关注实验能否获得成功。其结果是:他们启动了可能成功的测试,立即放弃了失败的测试,而不是对失败的测试进行迭代以获取进一步的见解。因此,实验成功率达到了 50% 左右——这个异常高的成功率本应引起管理者的警惕。专家是否进行了能够带来收益或损失的真实验? 还是说他们只是验证了已知一定会成功的东西? 我们从管理研究中了解到,这一点很重要。研究表明,从长远来看,实验中的短期损失可以促进创新、提高绩效。喜欢从事有可能失败的活动的员工更有可能在困难时期坚持下去,从事更有挑战性的工作,并且比寻求安全的同事表现得更好。[2]

遗憾的是,很难做到从失败中学习。失败会引发尴尬,暴露出重大的知识缺失,这反过来又会伤害个人的自尊及其在组织中的地位。毕竟,许多管理者曾因及早发现了糟糕的想法而得到晋升,许多团队也因此获得奖励,然而这种做法会使企业不得不重新部署宝贵资源(比如终止一个项目)。那些对失败"零容忍"或要求"零错误"的工作环境尤其如此。这会造成资源浪费和士气低落。这种浪费不仅来自较低的生产率和较长的上市时间,而且也来自未能充分利用实验的创新潜力。

---

[1] 细节请见 2018 年 12 月 11 日,对资本超市保险和家庭服务产品负责人马尼什·加吉里亚的采访。

[2] S. Sitkin, "Learning through Failure," and F. Lee et al,, "The Mixed Effects of Inconsistency on Experimentation in Organizations," *Organization Science* 15, no. 3 (May-June 2004): 310–326. 该文对如何从失败中学习进行了讨论和文献回顾。

失败思想的可疑"回报"

因此,要建立快速实验的能力与实力就需要重新思考失败在组织中所起的作用。此外,还需要更深入地了解并敏感地认识到,要想促进实验的发展,需要做什么。杰夫·贝佐斯认识到了这一点,他指出:"随着公司的发展,任何事情的规模都需要扩大,包括失败实验的规模。如果失败实验的规模没有扩大,这就意味着你的创新并未真正带来改变。"[1]

失败并非错误

不应将失败与错误混淆。[2] 与失败不同,错误产生的新信息或有

---

[1] 美国证券交易委员会档案(2019):2018年贝佐斯致亚马逊股东的信。
[2] "失败"和"错误"这两个词在语义上非常接近。失败通常指的是所采取的行动未能达到令人满意的效果。相比之下,错误指的是由于判断失误、注意力不集中或毫无所知——没有学习目标——而导致的错误行动。我刻意夸大了这一区别:如果行动是由学习目标所驱动的(通常是以假设或问题的形式呈现),那么失败也可能是积极的。

第四章
打造大规模实验的文化

用的信息很少,因此没有价值。[1] 例如,计划不周或实施不当的实验可能会迫使研究人员重复该实验。另一个常见的错误是没有从过去的经验中学习。亚马逊在设计和建造第一个仓储中心的过程中学到了许多关于最佳位置、布局和物料流的经验。如今,它在北美建立了超过 75 个中心,如果一个新中心的主要方面出了问题,我们会认为这个项目是执行不力的一个案例。也就是说,我们认为项目的缺点是重复了过去的错误,而不是具有明确学习目标的失败。

区分失败和错误的做法十分可取,但即使是最优秀的组织也往往缺乏仔细区分两者所需的管理制度:在促进失败的同时剔除错误。对于希望在创新方面取得成功的公司来说,这项要求十分寻常。研究表明,长期成功需要同时追求渐进式和非连续式创新与变革的能力。这就要求公司双管齐下:它们必须建立相互矛盾的结构、流程和文化。[2]

同样,为提高实验能力而大量投资的公司也需要在管理不成功的结果方面采取双管齐下的做法。它们需要鼓励人们尽早进行会导致失败的实验,但也要阻止糟糕的实验——那些导致错误且无助于学习的实验。这反过来又需要企业的文化和态度发生根本转变。IBM 创始人托马斯·沃森(Tom Watson)的一个故事凸显了这种转变。据说,一位前途无量的年轻经理参与了一项高风险的新项目,

---

[1] D. Reinertsen, *Managing the Design Factory* (New York: The Free Press, 1997). 该书作者提出了同样的观点,区分了两种类型的失败:一类能够产生信息,一类不产生信息。前者对设计非常有价值,而后者只浪费了时间和资源而不产生效益。

[2] M. L. Tushman and C.A. O'Reilly III, *Winning through Innovation: A Practical Guide to Leading Organizational Change and Renewal* (Boston: Harvard Business School Press, 1997).

在试图让它运转起来的过程中，损失超过 1 000 万美元。当这个紧张的年轻人被叫进沃森的办公室时，他主动提出接受导致如此巨大损失的后果："我猜你想让我辞职，沃森先生。"令他吃惊的是，沃森反驳道："你不会是认真的吧！我们刚刚花了 1 000 万美元来教育你。"[1]

这位年轻的经理面对沃森时的感受，今天许多人一定也有。他们被告知要从失败中学习，却觉得这样做不够安全。我的同事艾米·埃德蒙森（Amy Edmondson）在研究来自两家城市教学医院的八个护理团队以了解学习率的差异及其原因的过程中就发现了这种紧张关系。[2] 为了衡量这些团队的学习程度，她计算了这些护理团队的错误，推测更稳定、领导更优秀的团队学到的东西更多，因而报告的错误更少。令她惊讶的是，她发现情况恰恰相反：错误率最高的护士团队彼此之间及其与管理者之间的关系更融洽。相比之下，错误率较低的团队的领导有些专制，而且并不愿意承担责任。埃德蒙森在后续研究中发现，心理安全度更高的团队不仅错误率更高，而且学到的东西更多，表现也更好。建立这样的安全感需要在打造非正式且开放的解决问题的文化和强调绩效的文化之间保持非常微妙的平衡。这样的环境对于那些希望在实验和创新方面取得成功的公司来说非常重要。

---

[1] Quoted in W. Bennis and B. Nanus, *Leaders: The Strategies for Taking Charge* (New York: Harper & Row, 1985), 70.

[2] A. C. Edmondson, "Learning from Errors Is Easier Said Than Done: Group and Organizational Influences on the Detection and Correction of Human Error," *Journal of Applied Behavioral Science* 32, no. 1 (1996): 5–32.

第四章
打造大规模实验的文化

特征 2：奖励与价值观及目标一致

打造能够充分利用新的实验工具的文化需要更为深入地了解影响实验行为的因素。有鉴于此，密歇根大学的菲奥娜·李（Fiona Lee）、莫尼卡·沃林（Monica Worline）以及哈佛商学院的我（本书作者）和艾米·埃德蒙森研究了组织价值观、奖励以及个人地位对实验的影响。[1] 我们对这些因素尤其感兴趣，不仅因为它们已被确定为影响组织绩效的重要因素，也因为管理者能够对它们产生影响。

避免发布混杂的信息

我们的研究由两项旨在相互补充的研究组成。在第一项在实验室进行的为期几个月的研究中，我们要求 185 人解开一个为管理仿真练习设计的电子迷宫。完成这个任务需要大量的实验，而且能使我们清楚地区分理想的失败和浪费资源的错误。实验室研究还允许我们操纵以下因素，并研究它们对实验行为和表现的影响：价值观——我们是否鼓励实验；奖励——我们是否惩罚失败；以及参与者的地位是低还是高。我们发现，当价值观和奖励传递出一致的信息，即明确强调从失败中学习的价值（干中学）而不是因为失败而惩罚他们时，地位较低的人更愿意进行实验。给出混合信号，如鼓励他们进行实验，同时维持惩罚失败的奖励制度，会使他们的表现更差，导致实验数量减少——甚至比我们一贯不鼓励他们实验时还

---

[1] 完整的研究报告见 Lee et al., 2004, "The Mixed Effects of Inconsistency on Experimentation"。

要少。这表明过于简单的管理干预具有危险性，即只改变一个因素（价值观或奖励）就会降低员工的绩效。相比之下，地位较高的人更愿意进行实验，即使信息是混杂的。他们不太容易受到简单干预措施的意外后果的影响。

在第二项研究中，我们在中西部一家大型医疗机构的实证研究中检验了这些发现。该公司正在使用一个新的基于网络的临床信息系统，该系统整合了医院各部门的数据，并向医务人员提供最新的临床信息（如验血结果和用药单）。医生、护士、专职医疗人员（如营养师）和辅助人员是该系统的主要用户，他们可以从门诊部、办公室和家中访问该系统。由于系统的使用基于自愿原则，而且医院没有提供培训，个人的实验意愿对系统的采用和效率的影响至关重要。以前，医护人员不得不使用不同的系统来获取患者信息，这些信息既没有定期更新，也不一定完整。

我们对整个医疗机构的 688 人进行了调查，包括 120 家门诊部、30 家医疗中心和 5 家教学医院。调查内容包括他们是否愿意尝试新的信息系统，他们如何使用新系统的 29 项功能，以及他们所采用的各种问题解决策略。从个人的职业来推断其身份——最高级别的是医生，其次是医学生、护士、专职医疗人员以及秘书和行政人员。

研究结果与第一项实验的研究结果非常相似。我们发现，当管理层持续做两件事时，个人更愿意尝试不同的系统功能：明确地鼓励实验，不对失败进行惩罚（或抑制）。与之前的结果一样，混杂的信息会导致混乱和不信任，从而使得人们对新系统的使用不是非常

第四章
打造大规模实验的文化

频繁。而地位较低的人受混杂的信息的影响更大,因为他们若失败面临的社会成本最高。例如,医学生认为实验失败——尽管对病人或医院来说没有任何代价——有损他们的职业生涯,他们更不愿意在别人面前表现出对系统不熟悉。相比之下,成熟的医生更愿意放弃新系统,即使关于价值或回报的信号是混杂的。我们还观察到,通过增加实验和失败来学习能够带来更好的表现。事实上,实验次数最多的人最终会更快地熟悉新系统,并成为最熟练的使用者。他们还报告说,实验次数最多的人可以更有效地利用与病人相处的时间。

保持激励措施与工作目标一致

当团队承担了满足日常业务需求和进行实验的双重任务时,激励措施可能会出现错位。以美国银行为例。[1] 当该银行在重要的亚特兰大市场引入了约 24 个"生命实验室"时,高级管理层希望为这个传统上依赖稳定和标准化的组织引入实验和创新。每个实验室都是一家全面运作的银行分行,但是每家分行都在不断测试新的产品和服务概念。其中就包括"虚拟出纳员"、播放金融和投资新闻的显示屏,以及"托管站"(独立的信息亭),工作人员随时准备帮助客户开户、贷款以及回收旧支票的副本。管理层面临的一个棘手问题是如何激励员工。这些员工是连续实验的一部分,他们的表现能否——

---

[1] S. Thomke and A. Nimgade, "Bank of America (A)," Harvard Business School Case 603-022 (Boston: Harvard Business School Publishing, 2002); and "Bank of America (B)," Harvard Business School Case 603-023 (Boston: Harvard Business School Publishing, 2002).

而且是否应该——以传统的方式进行衡量和奖励？

销售人员薪酬中的 30%～50% 来自绩效奖金，该奖金以有着十年历史的积分系统为基础，该系统使用销售配额，其积分根据产品、客户满意度和当地市场人口统计资料以及管理部门的判断而变化。[1] 在该系统中，销售人员容易忽视客户的实际需求。例如，一位内部财务顾问表示，销售人员会鼓励客户开一个有一点收益的支票账户，而不是零收益的储蓄账户。[2]

在最初的几个月里，实验保持了传统的激励方案，销售人员似乎很喜欢这些额外的活动——能够参与这项计划让他们感觉自己很特别。但是，很快他们就发现，他们必须将四分之一的时间花在包括实验方法在内的特殊培训课程上，为客户提供服务的时间受到影响，而且这种实验没有任何奖励积分。因此，员工开始觉得自己吃了亏，因为他们在报酬上受到了损失，尽管作为实际销售活动的一部分，他们与客户接触的时间较少，却要达到同样的月度积分配额。在这些挑战出现后不久，高级管理层就对实验分行的员工实行固定激励薪酬。大多数员工对这一变化表示欢迎，这增强了他们的特殊感，也代表了最高管理层对实验过程的承诺。但是，并不是所有员工都能在新的固定奖励制度下获得成功。没有了积分的诱惑，一些员工失去了销售的动力。由于特别薪酬计划，没有参与实验的银行

---

[1] 在亚特兰大分行，美国银行的出纳员年薪约为 20 000 美元。柜员的上一级是销售助理，这些人帮助客户开立储蓄或支票账户，填写抵押贷款申请公证文件并以新服务吸引客户。在实验分行，一些销售助理可以作为托管员，在无须请示分行经理的情况下做出许多决定。

[2] Quote from Thomke and Nimgade, "Bank of America (A)," 11.

第四章
打造大规模实验的文化

人员的不满情绪也开始加剧。一位高管指出:"[实验]分行的人现在认为他们不必像其他人那样承受一切。"另一位经理不得不重新分配一名员工的工作,"因为那个人现在被动地坐在办公桌前。事实证明,她不具备为客户工作的团队心态"。[1]

随着对银行实验项目关注的提高和资源投入的增加,美国银行的一些高级管理人员开始失去耐心。其他传统分行人员的不满也可能助长了这种情绪。新的小组已经比其他分行拥有更多的资源,人们还担心不同的激励计划会使他们进一步脱离银行的日常现实。由于不同市场的条件不同,高管也不确定在实验分行测试的概念能否在全国范围内奏效。由于不安加剧,高级管理层在实验推行短短六个月后就将员工转回了旧的基于积分的激励系统。毫不奇怪,赚取奖励积分和协助实验运行之间的紧张关系很快便死灰复燃。此外,这种转变让一些员工感到沮丧,他们开始质疑管理层对创新本身的承诺。模糊不清的实验奖励方式也影响了员工在面对风险与失败时的行为。在已经测试的大约40个概念中,只有4个以失败告终——失败率约为10%。这显然与管理层认为将美国银行变成一个创新组织所需的30%的目标失败率不符。通过体验两种不同的模式——一种专注于分行内的运营,另一种专注于研发环境——美国银行的管理层认识到,运营和实验的双重性质也需要一个激励系统,这种系统应该重视并平衡两个往往相互冲突的目标之间的紧张关系。

---

[1] Thomke and Nimgade, "Bank of America (A)," 11.

特征3：态度谦逊

实验结果可能与根深蒂固的利益、信仰和文化规范相悖。一旦出现这种情况，人们通常会本能地拒绝实验结果。例如，一个广受欢迎的第三方测试平台的技术支持经理曾经接到一个愤怒的用户打来的电话，用户抱怨第三方测试平台的工具分析能力不足。他在一个大型消费者群体中进行的精心设计的测试表明，当在线购物者拥有更少而不是更多的信息时，公司的业绩指标会得到改善。这与他的直觉和多年的经验背道而驰，他认为对结果的分析一定是错误的。解决办法就是：修复工具，重复实验，直到结果与他的假设一致。这个案例凸显了所有实验者都会面临的挑战：我们倾向于愉快地接受那些能够证实我们偏见的"好"结果（"成功"），因为这让我们感觉很好。但是我们会挑战并彻底调查那些与我们的假设相悖的"坏"结果（"失败"）。贝佐斯敏锐地观察到，通过实验来推翻信念不是一种自然的活动。当组织运行大规模的实验项目时，它们必须以非常快的速度推翻信念。这给管理者带来了压力，并可能使组织崩盘。

塞梅尔韦斯反射

下意识拒绝接受实验结果的现象称作"塞梅尔韦斯反射"，它是以19世纪欧洲防治产褥热的先驱伊格纳茨·菲利普·塞梅尔韦斯（Ignaz Philipp Semmelweis）的名字命名的。塞梅尔韦斯是维也纳一家医院的一名匈牙利籍医生，他发现产褥热是一种致命疾病，在

第四章
打造大规模实验的文化

19 世纪的欧洲，有超过 100 万妇女死于这种疾病，疾病原因是医生和学生在对尸体进行尸检后没有正确清洗双手。[①] 在他制定了一项规定，要求医生和学生在检查任何病人之前用氯化石灰溶液彻底洗手后，死亡率下降了近十分之一。但是塞梅尔韦斯无法解释这一程序有效的原因，医疗机构无视甚至嘲笑他的发现，并最终将他调离医疗岗位。在当时，人们认为疾病是由许多不相关的原因造成的，每个病例都独一无二。塞梅尔韦斯的假设，即只有一个原因（缺乏清洁）导致疾病，对医疗机构来说过于极端。随后他在匈牙利复制了他的研究结果，但是同样无济于事——医疗机构再次忽视或拒绝承认他的研究结果。1865 年，他精神崩溃，死于精神病院。直到 1879 年路易斯·巴斯德（Louis Pasteur）证明患有产褥热的妇女体内存在链球菌后，塞梅尔韦斯的理论和治疗方案才被人们接受。

今天仍然适用的教训是，能够带来新见解但缺乏公认的因果理论支撑的实验，仍有很大的风险会遭遇偏见和拒绝。相反，基本理解原因再加上可检验的假设，可以帮助人们接受并做出改变。即使不能发展出一个基本理论，带有可检验的假设的严格的实验系统也可以吸引人们参与其中。当测试结果与先前的经验冲突时，人们应该重新进行实验。复制是科学的基石，来自多个实验的证据将强化挑战直觉和信念所需的证据体系。管理层需要认识到每个步骤的重要性，并推动组织迅速完成这一过程（见"从错误的信念到文化适应"）。

---

① "I, Semmelweiss," Wikimedia Foundation, last modified July 29, 2019, https://wikipedia.org/wiki/Ignaz_Semmelweis, accessed April 17, 2018.

从错误的信念到文化适应

如果实验结果违背了一个组织的既得利益、信念和规范,它们往往会被拒绝。这就是塞梅尔韦斯反射,是以发现洗手可以防止致命的产褥热的匈牙利医生的名字命名的。他的故事包含了关于文化接受的渐进过程的重要教训。

第一:错误的信念会导致傲慢和糟糕的结果(分娩后的高死亡率)。

第二:为了理解这些结果并排除其他解释,测量和实验控制可以带来新的见解,但往往缺乏因果理论(控制饮食、分娩姿势等)的支持。

第三:如果拟议的行动违背奖励、信仰和规范(氯化石灰溶液洗手),那么最初的拒绝在意料之中。

第四:更深入的理解,最好是有理论与可检验的假设(路易斯·巴斯德在患产褥热的妇女身上发现了细菌)的支撑,它们可以帮助人们接受。或者,对实验系统的严格要求和信任,再加上结果的复制,可以帮助人们接受没有因果关系支撑的理论。

偏见可能不像直接拒绝那样容易观察到。有时,偏见可能非常微妙,并悄悄进入实验过程之中。一个案例就是针灸在世界各国的疗效。亚洲人普遍认可针灸,1966—1995 年间进行的 47 项临床研究都得出了治疗有效的结论。在同一时期,在接受度较低的美国、瑞

第四章
打造大规模实验的文化

典和英国进行了 94 项临床试验，只有 56% 发现针灸具有治疗效果。这种差异表明，即使在充分运用科学方法的情况下，人们也会找到方法来证实他们的偏见和信念。[①] 为了抵制大规模实验项目中有意或无意的偏见，公司应提高透明度：所有员工都能接触所有的实验方案与数据。阳光是最好的消毒剂。

从傲慢到智慧的谦逊

对于一个组织来说，要想充分吸收实验成果，就需要用无拘无束的好奇心来驱除强烈的意见和偏见。对于地位较高的人（老板）来说尤其如此，他们的晋升肯定离不开一些幸运的商业决策。面对新奇事物，即使是老板也有可能做出错误的决策。这可能会成为一个大问题。据报道，网景公司（Netscape）前首席执行官吉姆·巴克斯代尔（Jim Barksdale）曾说："如果有数据，就看数据。如果只有意见，那就听我的。"亚马逊就曾出现过这种情况，当时一名员工创建了一个软件原型，可以根据客户在线购物车中的物品向他们进行个性化推荐。一位高级副总裁坚决反对这个功能，因为他认为这会分散顾客在结账时的注意力。这名员工被禁止参与该项目。幸运的是，这名员工无视老板的指示，进行了一次对照实验，结果显示，他的模型以较大的优势胜出（以购物收入衡量）。该模型立即投入使用。[②]

---

① J. Lehrer, "The Truth Wears Off," *The New Yorker*, December 13, 2010.
② G. Linden, "Early Amazon: Shopping Cart Recommendations," *Geeking with Greg* (blog), April 25, 2006, http://glinden.blogspot.com/2006/04/earJy-amazon-shopping-cart.html, accessed June 1, 2018.

人们经常半开玩笑地使用HiPPO（highest-paid person's opinion，薪资最高者的意见）这一术语来指代喜欢自上而下的决策方式的强势经理。[1] 当然，风险在于HiPPO通过地位或说服力推行坏主意，抵制证明其错误的实验。向一个组织发放塑料河马[2]（河马是世界上最危险的动物之一）可以象征性地提醒该组织所面临的文化挑战。（有人看到微软首席执行官萨提亚·纳德拉（Satya Nadella）的桌卡前就放着一只塑料河马。[3]）"科学方法之父"弗朗西斯·培根认为怀疑在克服傲慢中起着重要的作用："如果一个人从确定性开始，他就会以疑惑结束；但如果他从怀疑开始，那么他将以确定性的方式结束。"[4]

工作中的 HiPPO

---

[1] R. Kohavi, R. Henne, and D. Sommerfield, "Pracrical Guide to Controlled Experiments on the Web: Listen to Your Customers, Not to the HiPPO," paper presented at the SIGKDD Conference on Knowledge Discovery and Data Mining, San Jose, CA, August 12–15, 2007. 关于HiPPO一词的历史，参见"HiPPO FAQs," https://exp-platform.com/hippo/, accessed April 17, 2019.
[2] HiPPO与英语中河马（hippo）的单词拼写一致。——译者
[3] "HiPPO FAQs," accessed April 17, 2019.
[4] F. Bacon, *The Advancement of Learning* (1605; rep. Philadelphia: Paul Dry Books, 2000).

第四章
打造大规模实验的文化

谦虚地表示"我不知道"或者"我的想法无足轻重"并不容易，因为它违背了人类的思维和行为方式。行为经济学家丹尼尔·卡尼曼（Daniel Kahneman）曾经指出："如果跟随直觉，你往往会错误地将随机事件归为系统性事件。我们不太愿意承认我们在生活中看到的很多东西都是随机的。"① 换句话说，人类倾向于认为不相关的事物之间存在联系和意义。不同理论对为什么会出现这种情况进行了解释，其中包括模式识别中的认知错误，以及人类偏向于在没有因果关系的情况下看到因果关系的倾向。② 结果就是，当我们观察事物或听到轶事时，倾向于犯这种错误。管理者也不例外，尤其是当激励机制倾向于寻找难以确定的变量之间，例如领导风格的变化和团队表现之间的因果关系时。正如美国作家厄普顿·辛克莱（Upton Sinclair）曾经调侃的那样："当一个人的工资取决于他对某事的不理解时，让他理解这件事是很难的。"③

或许反过来也是如此：如果管理者的骄傲取决于他的信念，让他相信一些东西是很容易的。这就是罗恩·约翰逊从第一章所介绍的彭尼的失败中吸取的教训之一。他并不认为自己是一个傲慢的管理者，但在哈佛商学院的一次演讲中，约翰逊告诫学生：

---

① D. Kahneman, *Thinking, Fast and Slow* (New York: Farrar, Straus and Giroux, 2011), 117.

② M. Shermer, in *The Believing Brain: From Ghosts and Gods to Politics and Conspiracies-How We Construct Beliefs and Reinforce Them as Truths* (New York: Times Books, 2011). 该书提出人类祖先存在在认知中犯下第一类错误（假阳性）的强烈动机。认为草丛中的沙沙声是危险的捕食者发出的声音（其实只是风声）对人类来说没什么损害。然而，如果犯了第二类错误（假阴性）——认为捕食者发出的声音是风声——可能就是致命的。因此，遗传学偏爱犯第一类错误的人，而且，正如谢尔默（Shermer）所认为的那样，人类大脑是通过进化而形成的信仰引擎。

③ U. Sinclair, *I Candidate for Governor: And How I Got Licked* (New York: Farrar & Rinehart, 1935; repr. University of California Press, 1994), 109.

你可以拥有我所说的"情景式傲慢"。那是当你认为，根据你的经验和人脉，你知道什么是对的……但在商业中，这需要很多运气……你必须小心，你要明白为什么这些事情会成功，不要给自己太多荣誉。25年的好运气和成功让我受益匪浅，但这导致我在处理彭尼的问题时出现了情景式傲慢。这对我们所有人来说都是一个意味深长的教训。谦虚是件好事，而傲慢是件坏事。但是你必须望向镜子深处才能明白傲慢在哪里。[1]

弗朗西斯·培根明白，人类的偏见可能是获取新知识的最大障碍（见"知识获取的障碍：弗朗西斯·培根的观察"）。当然，解决方案是实验，实验使我们"向自然提出问题。"[2] 另外，即使是预测极有可能的结果也有可能难倒大多数决策者。最近，我走进一间聚集了约70名高管的教室，他们十分激动，因为他们得知有两名参与者的出生日期相同。他们表现得好像刚刚看到了一个极其罕见的事件。但是，要使两个人生日相同的概率大于两个人生日不相同的概率，房间至少要有多少人？答案是23人。[3]

---

[1] R. Raffaelli, J. Margolis, and D. Narayandas, "Ron Johnson: A Career in Retail," Video Supplement 417-704 (Boston: Harvard Business School, 2017).

[2] Lehrer, "The Truth Wears Off."

[3] D. Hand, "Never Say Never," *Scientific American*, February 2014. 可以证明，如果房间里至少有23人，那么其中两个人生日相同的概率比不相同的概率要大，概率是0.51。数学推理如下。如果一个房间里有 n 个人，那么总共有 $n \times (n-1)/2$ 对人可能在同一天过生日。当 n 等于23时，该数值为253，而只需要两个人在同一天出生。这种可能性有多大？两个人生日不相同的概率是364/365。对于三个人来说，是 $364/365 \times 363/365$。继续下去，23个人中没有人生日相同的概率是 $364/365 \times 363/365 \times 362/365 \times \cdots \times 343/365$，等于0.49。因此，有人生日相同的概率是 $1 - 0.49 = 0.51$，这个结果通常让人吃惊。

第四章
打造大规模实验的文化

> ## 知识获取的障碍：弗朗西斯·培根的观察
>
> ### 没有关联的时候发现关联
>
> 人类理解力依其本性倾向于把世界中的秩序性和规则性设想得比所看见的多一些。尽管自然界的许多事物自成一格且极不规则，人的理解力却总爱给它们想出一些实际并不存在的平行物、连属物和相关物。（摘自第一卷《语录》，45）
>
> ### 确认偏差
>
> 人类理解力一旦采取了一种意见之后（不论是已经得到认可的意见还是与自己相同的意见）便会引入一切其他事物来支持、认同那个意见。纵然能够找到最令人信服且丰富的与之相反的实例，人类理解力要么忽视或蔑视这些实例，要么带着强烈和有害的偏见通过一些区别来摆脱和拒绝它们，为的是使原有结论的权威不受触犯。（摘自第一卷《语录》，46）
>
> ### 关于感官拒绝证据的力量
>
> 但是迄今为止，人类理解力的最大障碍和偏差却还是来自感官的迟钝、无能和错误，因为凡是能够打动感官的事物都胜过一切无法直接打动感官的事物，无论后者多么优越。因此，思考大多随着视觉而止，对不可见的物体关注极少，甚至毫无关注。（摘自第一卷《语录》，50）
>
> 资料来源：F. Bacon, *Novum Organum* (1620; rep. Newton Stewart, Scotland: Anodos Books, 2017).

特征4：正直诚信

2012年，脸书开展了一项为期一周的实验，研究情绪状态是否可以通过在线社交网络传递给他人。截至2011年，每天有超过470万人时花在脸书上，这还不包括其移动应用程序。自社交媒体推出以来，人类互动方式发生了巨大变化。毫不奇怪，关于脸书13.5亿用户受到有害的心理影响，在公共领域引发了广泛讨论，并出现了相互竞争的假说。[①] 脸书决定对此展开调查。它利用社交网络中的"即时消息"（News Feed）——通过算法列出有关你的脸书朋友的消息（帖子、故事、活动）来测试查看更少的正面故事是否会导致用户自己发布的正面帖子减少。它还测试了用户接触较少的负面故事时，是否会导致用户发布的负面帖子减少。实验涉及689 003名随机选择的用户，大约310 000名（每种条件155 000名）不知情的参与者在他们的"即时消息"中读到了被操纵的情绪表达，而其余用户则受到对照条件的影响，其中相应部分的故事被随机省略。[②]

2014年6月，来自脸书和康奈尔大学的研究人员在一份学术期刊上发表了该实验的结果，文章的标题《通过社交网络进行大规模

[①] M. Meyer, "Two Cheers for Corporate Experimentation: The A/B Illusion and the Virtues of Data-Driven Innovation," *Colorado Technology Law Journal* 13 (2015): 273–331.

[②] 确切地说，脸书只是调整了决定用户在其"即时消息"中能够看到什么的算法。这种算法筛选是"即时消息"的一个突出特点，因为脸书试图向用户展示它认为最相关和最吸引人的内容。实验的不同之处在于，该算法暂时使用消极或积极的词汇来筛选新闻。

第四章
打造大规模实验的文化

情绪传染的实验证据》颇具煽动性。[1] 公众愤怒了。多年来脸书的数据科学团队一直在不知情的用户身上进行实验的举动并未引起任何争议，但是它可以操控情绪的想法触动了大众的神经。批评者对脸书对其用户造成的心理伤害并剥夺用户的同意权表示担忧。《华尔街日报》在头版报道了这项"可耻的"实验（《脸书实验室没有下限》）[2]，而该学术期刊的编辑则发表了一篇不同寻常的社论来表达他们的担忧。人们担心的是，参与者对于脸书一般数据使用政策的认可是否具有伦理意义，从而使他们可以选择退出。从学习的角度来看，实验是成功的——它发现情绪传染确实存在，但对用户的影响非常小。实验未必具有欺骗性——脸书上的帖子都是真实的，如果事先告知用户他们是实验的一部分，会使结果产生偏差。争议来自这样一个事实，即一些用户觉得脸书正在以科学的名义对他们进行有害的操纵，而脸书根本不关心用户自己的情绪或用户是否愿意成为实验室里的小白鼠。

显然，关乎道德的有意义的辩论对企业来说十分重要。对脸书来说，这个实验引起了巨大的反响，最终公司的管理层出面道歉。因此，脸书也实施了更严格的实验准则，包括由隐私和数据安全领域的大型专家小组对超出常规产品测试的研究进行审查。但是，关于什么应该和什么不应该被审查的道德问题，必须仔细权衡机会成

---

[1] A. Kramer, J. Guillory, and J. Hancock, "Experimental Evidence of Massive-Scale Emotional Contagion through Social Networks," *Proceedings of the National Academy of Sciences of the United States of America* 111: (2014): 8788–8790.

[2] R. Aibergotti, "Facebook Experiment Had Few Limits," *Wall Street Journal*, July 2, 2014.

本。过多的内部审查可能会降低实验速度,太少的审查可能会导致另一种"情绪感染",比如情绪爆发。

这就是 2000 年亚马逊的经历。当时它进行了一项实验,针对同一产品(本例中为 DVD)向不同的客户收取不同的价格。这些实验给消费者带来了不确定性,一些人甚至指责亚马逊基于人口统计学特征进行价格歧视(亚马逊对此予以否认)。杰夫·贝佐斯承认这项实验是个错误,并制定了一项政策,即如果亚马逊再次尝试差别定价,所有买家都只需按照最低价格付款,无论最初价格是多少。[1]

在进行实验之前,利益相关者必须同意这个实验值得一做。这包括对实验的诚信方面的看法——实验究竟是好是坏。如果亚马逊从未打算对同一产品收取不同的价格,为什么要引发公愤呢?事实是,实验者往往面临更高的标准。原因如下:如果一家公司将一个新想法(B,攻擂方)与现状(A,擂主)进行比较,以了解什么对客户有效,什么对客户无效,那么它面临的审查将比完全不做实验的竞争对于更多。生物伦理学家米歇尔·梅耶(Michelle Meyer)把这种困境称为 A/B 错觉:

> 当一种做法被全面实施时,我们倾向于认为它有价值——它"有效"——即使从未与其他方法进行过比较,以了解它是否与这些方法一样有效,或者根本无效。试图通过 A/B 或

---

[1] T. Weiss, "Amazon Apologizes for Price-Testing Program That Angered Customers," *Computerworld*, September 28, 2000.

第四章
打造大规模实验的文化

类似的测试来确定安全性和有效性的做法被认为是剥夺了一些人（那些接受 B 的人）使用标准做法的权利。我们都曾有过被 A/B 错觉迷惑的时候——认为合乎道德的重要时刻是通过实验比较 A 和 B 做法的时刻，而它实际上更应被视为在没有证据证明做法 B 安全性或有效性的情况下，单方面统一实施做法 A 的时刻。[1]

换句话说，人们往往更关注前端的高调实验，而不是后端的现状，不管当前的做法有多无效。在一项有趣的研究中，梅耶及其合作者检查了来自三个不同人群的 5 873 名参与者的 16 项研究，内容涉及医疗保健、车辆设计和全球贫困等。他们发现：参与者认为相比普遍实施的未经测试的做法，A/B 测试在道德上更令人怀疑。即使没有客观理由认为 A 优于 B，这种怀疑仍然存在。[2]

脸书本可以在不进行实验的情况下，简单地改变其"即时消息"算法（或任何其他商业惯例）。但这既不是良好的管理实践，也不符合道德标准。也许脸书只是 A/B 错觉的受害者，应该更主动地管理认知。当公司大规模高速运行实验时，个人或团队通常会很快做出关于实验完整性的决定。这就是为什么一些领先的实验型组织将道德准则（包括案例研究）作为标准员工培训的一部分。

---

[1] Meyer, "Two Cheers for Corporate Experimentation."
[2] M. Meyer et al, "Objecting to Experiments That Compare Two Unobjectionable Policies or Treatments," *Proceedings of the National Academy of Sciences of the United States of America* 116 (2019): 10723–10728.

特征5：信任工具

大约十年前，我曾为一家医疗器械公司提出提高其研发效率的建议。建议之一是工程师大规模采用与整合建模及仿真工具。我在研究中指出，这些工具已经改变了实验的经济意义。在此之前，提出假设性问题并得到初步答案的做法从未在经济上如此可行。这些工具还加速了学习，为获得更高的研发绩效、实现创新和获得为客户创造价值的新途径铺平了道路。[1]

当公司领导声称工程师已经在使用仿真工具时，我要求参观他们的研发设施。真相隐藏在一个小隔间里：一位具有前瞻性的科学家确实在对公司产品的关键方面进行高级虚拟实验。但是绝大多数科学家和工程师并未如此。让我们将其与一家大型汽车公司高级工程经理的经历做比较：

> 我们的许多工程师还未准备好接受仿真实验的结果，因为他们［认为］这些结果都不是真实的。当高级管理层决定投资新的信息技术、仿真软件和聘请专家时，他们预计可以省下一大笔钱。但是，仿真的次数越多，人们建造的用以验证仿真准确性的物理原型就越多。没有人会仅根据计算机模型做出承诺和决定。在仿真的帮助下，我们花费在原型测试上的钱比以前更多。[2]

---

[1] S. Thomke, *Experimentation Matters: Unlocking the Potential of New Technologies for Innovation* (Boston: Harvard Business School Press, 2003). 该书介绍了新的仿真和建模工具如何有可能改变研发，并显示了管理者必须做什么来成功地整合它们。

[2] Thomke, *Experimentation Matters*, 4.

第四章
打造大规模实验的文化

为什么两家公司都没有充分利用实验工具的巨大进步？当领先的半导体公司宣布在芯片设计和技术方面取得突破时，它们的成功既是现代工具快速发展的证明，也是其研发团队技能的证明。事实上，集成电路性能的指数级提升推动了当今设计团队在计算机建模和仿真工具方面的巨大进步。这一进步现在又回到了起点：离开了它们帮助创造的工具，今天的数字技术就不可能实现设计和制造的功能。毫不奇怪，公司已经投资数十亿美元，期望这些创新平台和工具能够带来性能的巨大飞跃，降低成本，并以某种方式促进创新。但是，无论工具多么先进，都不会自动产生这样的好处。公司在兴奋地想象有多少改进可能实现的时候，很容易忘记这些工具本身并不能创造产品和服务或形成更好的决策。事实上，如果不正确地整合到组织之中（或者根本没有整合），新工具实际上会抑制性能，增加成本，并导致创新失败。简而言之，只有当人们和组织信任并使用这些工具时，它们才能发挥作用。[1]

2007年，经济学家罗伯特·索洛（Robert Solow）指出："除了生产率统计数据，到处都可以看到计算机时代的影子。"索洛也请人们注意一直困扰着学者和管理者的悖论。[2] 这个生产率悖论（通常称为索洛悖论）指出了一个与本书所讨论的公司和项目层面的问题相

---

[1] S. Thomke, "Capturing the Real Value of Innovation Tools," *MIT Sloan Management Review* 47, no. 2 (Winter 2006): 24–32.

[2] 埃里克·布林约尔松（Erik Brynjolfsson）和洛林·希特（Lorin Hitt）的研究认为，行业层面的分析并不能完全解释IT投资和生产率增长之间的真正关系。他们在公司层面的研究确实揭示了一种正相关，并指出了其他需要考虑的因素，如组织和工作实践以及互补性投资。参见 E. Brynjolfsson and L. Hitt, "Paradox Lost? Firm-Level Evidence on the Returns to Information Systems Spending," *Management Science* (April 1996)。

似的行业层面的挑战：如何挖掘新实验工具提供的巨大创新潜力？麦肯锡全球研究院（Mckinsey Global Institute）的一项研究提出了一些有力的观察结果。[1]

除其他问题外，这项为期一年的研究还考察了1995—2000年间信息技术的作用及其对生产率的影响。在包括索洛在内的学术咨询委员会的帮助下，研究所研究了59个经济部门，发现在美国，信息技术密集度和生产率的跃升之间没有明显的关联性。然而，对推动生产率跃升的六个经济部门（零售、批发、证券、电信、半导体和计算机制造），以及未能将大量IT投资转化为生产率增长的三个部门（酒店、零售银行和长途数据电话）的深入分析，得出了一些有趣的发现。六个"跃升"部门的大部分增长是由于公司提供产品和服务的方式发生了根本变化，这种变化有时得到了新、旧技术的帮助。研究者总结说："研究结果表明，只有当信息技术能够实现管理创新，促进职能和任务重组生成更具生产率的方法，并应用于劳动密集型活动时，它才能在提高生产率方面发挥重要作用。"[2]

相对于更高的创新绩效，实验工具的潜力方面遇到了类似的问题和挑战。第一章中新西兰团队的案例以及其他公司的经验表明，与竞争对手相比，用更少的技术投资获得更好的绩效是可能的。尽管对公司来说，投资新的实验工具是一件很痛苦的事情，但事实上，

---

[1] McKinsey Global Institute, *How IT Enables Growth*: *The US Experience Across Three Sectors in the 1990s* (San Francisco: McKinsey Global Institute, November 2002).

[2] McKinsey Global Institute, *Productivity Growth and Information Technology*.

第四章
打造大规模实验的文化

这样做才是最容易的。如何信任和有效地使用它们——管理"使用中的工具"——要难得多。这需要注意实验过程中的人为参与，有时还要抵制将每一步自动化的诱惑。例如，缤客公司有意设计出需要人为参与的工具，例如促进社区反馈。

特征 6：欣赏探索

打造一种能够平衡失败与成功、实验与标准化以及长期压力和短期商业压力的实验文化，既不容易也不简单。在通过创新创造价值（探索）和通过运营获取价值（开发）之间维持一种紧张关系，是经营成功企业的核心。[1] 高级管理层面临的挑战是找到正确的平衡，就像爱迪生试图将他的组织从发明转向赚钱时所面临的挑战一样。事实证明，他的店铺文化阻止了他采用将其实验室发明商业化所必需的大规模生产方法。在爱迪生决定采用基于系统性削减成本的制造战略 20 年后，他位于西奥兰治的工厂仍然无法实现必要的设计标准化，生产周期仍很长。[2] 他的设施是通用的，工程设计不断变化。实验室与工厂之间的物理距离非常近，这一点曾经于实验有益，但是现在却成了一个障碍：对制造产品的需求超过了完成设计过程的需求。历史学家安德烈·米勒德（Andre

---

[1] J. March, "Exploration and Exploitation in Organizational Learning," *Organization Science* 2, no. 1 (1991): 71–87; Tushman and O'Reilly, *Winning Through Innovation*.

[2] A. Millard, *Edison and the Business of Innovation* (Baltimore: John Hopkins University Press, 1990), 200.

Millard）这样总结爱迪生面临的挑战：

> 这是店铺文化的遗产，其中实验优先于生产工程。西奥兰治的技能等级制度使得实验室的实验人员比［工厂］里的工头更有优势。改进产品比保持一个稳定的设计要重要得多，而且对搬碎石的人［实验者］和他们的老板来说，回报也更大。虽然这些价值观适合店铺文化，但它们是以高昂的制造成本为代价才得以维持的。①

如今，专注于开发的公司已经发现，这些帮助它们获得成功的因素也抑制了它们进行探索的能力——在某种程度上，爱迪生的问题正好相反。过程标准化和效率会妨碍从失败中学习，妨碍实验和创新。这需要公司领导层的干预。贝佐斯称之为对正道的偏离的力量，并指出："商业活动中对正道的偏离是没有效率的，但它也不是随机的……对正道的偏离是对效率的一种基本制衡。你需要同时运用两者。巨大的发现，即'非线性'发现，极有可能需要对正道的偏离。"②

以艾迈斯半导体（ams，AG）③为例。这家总部位于奥地利的半导体设计和制造商为消费、工业、医疗、移动通信和汽车等领域的客户提供传感器、无线芯片与其他高性能产品。典型应用需要极高

---

① Quoted in Millard, *Edison and the Business of Innovation*, 201.
② 美国证券交易委员会（SEC）档案（2019）：2018年贝佐斯致亚马逊股东的信。
③ 公司以前的中文名叫奥地利微电子，2014年更名为艾迈斯半导体。——译者

第四章
打造大规模实验的文化

的精度、准确度、灵敏度和超低功耗。为了提高其技术优势,艾迈斯半导体在时任首席执行官约翰·赫格(John Heugle)的领导下,于2007年1月实施了一项重大的商业实验计划。[①] 公司鼓励所有员工向中央协调员提出实验建议。这些实验需要有明确的学习目标,拟议的活动不能包括常规工作,如为客户进行可行性研究和完成其他常规任务。公司批准了大约三分之二的拟议实验,但是它们的成本并未在考勤表或工作报表中得到衡量或说明。关键是,管理层并未监督这些实验:员工提出想法,设计实验,并进行实验——所有这些都在他们的正常职责之外。

为了记录这些活动,公司每年都会出版实验记录。截至2012年11月,艾迈斯半导体已经记录了369项已完成的实验,其中80%以上是技术实验,约10%是组织实验,其余则与营销和销售相关。最佳实验能够获得奖金,成功与否根据学习目标或成果来判断。此外,艾迈斯半导体还在全公司范围内开展实验,如"24小时日"活动,活动期间,员工放下所有的日常工作,花24小时不间断地研究自己的想法。

最后,许多艾迈斯半导体实验成为新项目、产品改进、专利和新产品提案的起点。因此,实验帮助艾迈斯半导体在2008年全球经济衰退结束后的经济复苏时期拥有大量即将推出的产品。换句话说,当其他企业正在削减创新活动时,艾迈斯半导体的领导层不仅坚持到底,还加大了投入。公司推出了一项重大举措,成功地在提高效率和建立实验文化之间取得了微妙的平衡,并允许员工尝试新事物。

---

① 2007年,我是奥地利微电子的顾问,为其创新、制造和营销活动提供支持。

因此，公司为市场上扬做好了准备，而竞争对手却被打了个措手不及。

特征7：接受新领导模式的能力

根据各类报道，一些公司一直在存现金。当然，资金流动性自有其优势，鲁莽投资于不明智计划的行为绝不应该得到鼓励。但是说到创新，过于节俭也有弊端，特别是公司的新产品和服务渠道开始枯竭的时候。这也是重视标准化、最优化和低可变性的极其高效的企业所面临的风险。它们很容易在实验方面投资不足。

3M公司就曾有过惨痛的教训。首席执行官詹姆斯·麦克纳尼离职后，新任首席执行官乔治·巴克利（George Buckley）开始撤销麦克纳尼的一些决定。他大幅增加了研发预算，并将研究人员从六西格玛战略的控制下解放出来。"发明本质上是一个无序的过程，"巴克利解释道，"你不能把六西格玛流程放入那个领域，然后说，'好吧，我在发明上落后了，所以我要在周三安排三个好点子，周五安排两个。'创造力不是这样工作的。"[1] 巴克利的睿智之言道破了为什么创新永远不会是一个完全可预测的过程，也不会是一个高效的过程。其他高管最好记住这个简单的管理常识，投资建立一种能够处理大规模实验的文化。

领导者还需要解决等级制度问题。根据财捷集团联合创始人

---

[1] Hindo, "At 3M, A Struggle Between Efficiency and Creativity."

第四章
打造大规模实验的文化

兼执行委员会长期主席斯科特·库克的说法，随着企业规模的扩大，它们的创新能力通常会下降，而罪魁祸首往往是高层领导与普通员工之间的距离越来越远。最有创意的想法往往来自组织的普通员工，而这类计划通常很难穿越组织的迷宫，获得高层领导的批准。通常，最好的想法会因为内部政策和惯性而停滞不前。为了防止出现这种情况，库克一直在努力彻底改革财捷的企业文化。在财捷，决定是否推进一项计划的主要问题是：你做了什么实验？你的大胆假设是什么？如果还没有进行过任何实验，那么问题就变成：什么时候能进行实验，以便我们能根据实验结果做出决定？

然而，所有这些都提出了一个关于高层管理的棘手问题：如果所有重大决策都要通过实验来完成，那么高层领导的工作是什么？库克说，他在财捷的新任务之一就是让普通员工更容易进行实验。例如，他指出，法律方面的考虑一直是一个巨大的障碍，因为就其本质而言，激进的创新往往会撞上法律允许的边界。为已经存在或即将存在的事物确定法律边界，要比为事先不为人知的创新确定法律边界更容易。因此，为了最大限度地减少这一障碍，财捷使用了一个系统，通过该系统，如果拟议的实验符合某些预先定义的广泛准则，那么实验就会得到预先批准，并且可以在无须咨询公司法律部门的情况下进行。这样的指导方针只是库克如何改变财捷，使其成为实验驱动型组织的一例。在接受《公司》(*Inc.*)杂志采访时，库克简要地阐述了他作为高管的一个新任务："创造一种系统和文化，使我们能够通过快速循环实验而不是通过 PPT、公司政治和在等级制度中的地位来做出决策。"[1]

真正的实验型组织采用新的领导模式（见"领导力与大规模实验"）。该模式没有将领导者视为决策者，而是认为他们承担了三项重要职责。首先，高管的工作是设定一个可以分解为可检验的假设与关键绩效指标（例如，"业内最佳客户体验"）的巨大挑战。其次，他们需要将系统、资源、组织设计和标准（如工具、项目管理、技能培训）落实到位，以实现大规模、可信赖的实验。最后，高管需要成为所有员工的榜样。这意味着所有人遵守同样的规则：让自己的想法接受测试，并要求将实验，而不仅仅是功能或产品发布，纳入业务路线图。领导者还必须品味惊喜，密切关注本章所述的实验文化的七个特征。当实验结果成为常规管理会议和工作流程的一部分时，转折时刻就会到来，就像做计算一样。

---

[1] Scott Cook, video interview with Larry Kanter, "Make decisions by experiment, not Power Point," February 2014, https://www.inc.com/larry-kanter/scott-cook-intuit-run-experiments-not-powerpoints.html, accessed January 19, 2019.

第四章
打造大规模实验的文化

领导力与大规模实验

以下为对亿客行首席执行官马克·奥克斯特伦（Mark Okerstrom）的采访。

斯蒂芬·汤姆克（以下简称"斯"）：科学方法在亿客行的重要性如何？

马克·奥克斯特伦（以下简称"马"）：科学方法对于亿客行的运作和竞争方式至关重要。不论何时，我们都在进行数以百计，甚至数以千计涉及数百万访问者的并发实验。如果实验成功，我们会在全球范围内推广。2016—2018 年，仅"亿客行"这一品牌每年就进行了数千次产品测试，这还只是在产品/用户体验方面，而且只是一个品牌。我们的所有其他品牌都进行了大规模实验。除了用户体验方面的创新，人力资源、销售和传统电视广告等领域也在进行实验。这意味着大约有 7 000 名产品负责人、工程师和数据科学家积极参与了实验。而且，在我们超过 25 000 名的全职员工中，大多数人以某种形式使用科学方法。我们还邀请了许多外部合作伙伴与我们一起测试关于更好的合作方式的假设。

斯：首席执行官在打造大规模实验文化方面所起的作用是什么？

马：作为首席执行官，我的职责不是决定哪些产品决策是正确或错误的。我的基本职责是成为组织系统架构师。我需要确保所有的基本要素都到位，以创造一个有利于创新和实验蓬勃发展的环境。我需要确保正确的文化、激励措施、资源、业务流程和组织设计都能够到位。一个通用平台以及跨品牌和部门的标准化工具和指标是很有帮助的。然后,人们需要接受科学方法的培训,知道如何提出一个好的假设,了解什么是最小可行产品,并找到高效和低成本的方法来构建和检验假设。他们需要接受的是,失败(往往是大量的失败)是成功的必要条件,认识到这一点对很多人来说很难。

亿客行要走到这一步,需要一场文化变革;由公司高层领导团队领导的转型——说实话,这项工作还未完成……我不知道能否完成。在转型的最初阶段,我们必须告诉高层人员,他们不能因为自己的职务而决定网站到底应该是什么样子的。"让我们测试一下"和"测试与学习"才是我们的企业精神。无论想法或假设来自哪里,都有同样的潜力纳入测试的范围。但是,这些文化变革并非朝夕之功。我们花了几年时间让文化朝着正确的方向发展,并在整个公司推广科学方法……同样,这项工作也未完成。

斯:你对其他首席执行官有什么建议?

马:在一个日益数字化的世界里,如果你不做大规模的实验,从长远来看(在许多行业,从短期来看),你就死定了。人类最擅长在信息量小且难以收集的情况下做出决策。他们拥有吸收非数字数据源并在模糊的环境中做出重大决策的强大能力。但是,如果你生活在一个数据丰富的环境中,就必须建立

第四章
打造大规模实验的文化

能够利用这种令人难以置信的数据优势的系统。亿客行在数以亿计的用户中进行实验。正因为如此,我们不必猜测客户想要什么——我们有能力一次又一次地进行现有的最大规模的客户调查,让他们告诉我们他们想要什么。如果不这样做——如果不朝这个方向前进——公司可能会幸运一阵子,但是最终,任何拥有真正实验系统的竞争者都会赢。每一次都是如此。

斯:运行大规模实验的挑战是什么?

马:由于具备如此强大的测试能力,团队可能倾向于进行过多的增量和短期创新,对风险和更长远的安排缺乏足够的考量。他们可能会过度关注那些可精确测量、直接在他们控制范围之内且易于优化的东西。因此,我的高层领导团队必须始终着眼于整个亿客行及其外部的大局。我们促使团队思考短期和长期的问题,平衡考虑较大风险和较小风险——考虑整个平台和生态系统,而不仅仅是他们自己的地盘和他们可以直接测量的东西。我还向团队解释说,实验并不是获得洞察力的唯一途径。你如何将实验与定性研究相结合?你如何才能真正了解底层用户的需求?归根结底,这是关于组织学习速度的问题。我的工作是推动我们通过任何可能的方式加速学习。

对管理者来说,耐心也很重要。要求实验只能成功只会增加假阳性的数量。正如我们前面看到的,人们急于证明一个商业行为对绩效有积极影响,这往往是对他们的直觉或想法的确认。在额外的管理压力下,他们会每小时甚至每分钟检查一次测试结果。一旦看到自己想要的结果,他们就会宣布成功,并将结果反馈给管理层。[①]然而,真正的实验并非如此。好的实验以统计学原理为基础,依赖足够大的样本量的平均效果。受随机事件或独特事件——甚至是可预测事件,如季节性恶劣天气、周末和假期——的影响,客户的反应可能会在整个实验过程中出现波动。(情人节前巧克力销量增加再正常不过了。)为了尽量减少这些影响,最好提前决定实验的运行时间。一些网络公司以周为单位(通常是两周)设定运行时间,除非早期证据表明该项实验十分糟糕或存在问题(如漏洞)。

要想打造真正的实验文化,领导者必须确保他们的文化能够体现本章所讨论的七个特征。打造此类文化的过程永远不会终结,但是一些组织在所有七个特征上都表现得很出色。在第五章中,我们将见到这样的组织及其员工,我们将了解建立一个真正的实验型组织是如何提高公司的创新博弈能力及竞争能力的。

[①] 在学术研究中,通过挖掘数据来寻找某种事物的统计学意义的做法称作 p 数值操控(p-hacking)。如果 p 值设为 10%,只要有足够多的假设得到检验,某些假设一定会显示出显著性,这只是时间问题——只是偶然问题。但是这可能具有高度的误导性。试想一下,三个出生于 7 月 4 日的人之间存在数百个相似之处。随后,分析员发现他们都对花生过敏。事后看来,人们可以提出这样的假设,即 7 月 4 日出生的人对花生过敏的概率要高得多,而且现有数据也支持这一假设。当然,这一发现不太可能在有对照的重复实验中成立。

第五章
EXPERIMENTATION
WORKS

揭秘实验型组织

2012 年，路特斯 F1 车队在其第一个 F1 赛季的表现令许多观察家感到惊艳。车手奇米·雷克南（Kimi Räikkönen）在 25 名车手中排名第三，路特斯的排名超过了梅赛德斯。尽管路特斯的年度预算只有约 1.8 亿美元，远低于其他车队。但是，车队明白，仅仅在比赛中投入资金和技术并不能保证成功，丰田就在其八个 F1 赛季中得到了惨痛的教训：尽管它的投入超过了所有其他车队（2008 年花费了 4.46 亿美元），却未能在 140 站比赛中取得任何一站的胜利。在 F1 中取得成功需要许多因素：顶级车手、技能、技术、快速学习、充足的预算，当然，还有一支全力以赴的团队。路特斯技术总监对这项挑战做出了解释："我们争取每年将每圈的速度提高约 1.5 秒。为此，我们需要全新的底盘和空气动力学设计。但是这些还不够。我们还需要在赛季中继续研发赛车。我们每年会进行约 30 000 次设计变更。"[①]

一支 F1 车队是如何做到每年实现 30 000 次设计变更，同时还能参加车赛的？就像在线平台的客户体验优化一样，F1 赛车必须在繁忙的赛季中不断改进和调整。为此，需要将实验无缝集成到

---

① S. Thomke et al., "Lotus Fl Team," Harvard Business School Case No. 616–055 (Boston: Harvard Business School Publishing, 2016).

企业的组织中，利用计算机仿真、风洞、驾驶仿真器与赛道进行严格的测试。事实上，2013年，F1监管机构已经知道，大规模实验能够给车队带来竞争优势，并对实验设置了严格的限制：40小时的计算机仿真之后，车队必须停止60小时；每天15次风洞测试；12天季前赛道测试；等等。因此，从每小时测试中获取更多的价值成为F1车队竞争优势的一个新来源。例如，车手必须在设计改动之后，向工程师提供关于汽车表现的精确反馈。这些反馈带来了更多的实验，需要更多的反馈和学习以改进赛车，直至赛车能够表现出最佳性能。路特斯F1车队的首席执行官总结了他们的方法：

> 在赛季开始前与每场比赛之前，我们将赛道与赛车特性加载到企业内部的全尺寸驾驶仿真器中，以尽可能地再现下一场比赛中真实的赛车动态。我们可以重现更换一个零件对赛车的影响。在仿真器中进行比赛后，车手会给我们反馈，我们据此修改零件。规则限制了赛道测试的时间，因此仿真器成为了解车手在驾驶过程中感受的关键。[1]

组织孤岛、决策迟缓与沟通不畅都是导致企业在这场瞬息万变的竞争中注定失败的因素。为了有效竞争，团队必须掌握快速学习的能力。

---

[1] Thomke et al., "Lotus F1 Team."

第五章
揭秘实验型组织

这正是那些正在扩大其实验规模的企业所学到的经验。它们发现，每月进行十几项测试对其组织而言毫无压力。与此同时，实验规模如此之小，使得它们无法获得亚马逊、微软和谷歌等领先企业多年来拥有的竞争优势，而且这些企业还将继续从中受益。但是，随着实验规模不断扩大，许多企业也开始面临一系列前所未有的挑战。这导致它们所做的一切都遭到了质疑，包括管理、决策、治理方式以及它们共同的行为、信仰和价值观。我们将在第五章中深入了解缤客，它让 B2B 和 B2C 实验变得与计算一样普及，并成为决策的一部分。一路走来，缤客在竞争激烈的旅游行业中获得了巨大的财务成功。企业高管和员工将为我们讲述为什么实验对创新以及他们的业务而言至关重要。与路特斯 F1 车队一样，人们也许认为缤客的案例十分极端且难以复制。然而，了解这样一家企业运作方式的方方面面——"全速实验"——对于设计大规模实验的综合组织而言是必要的。[1]

走进缤客

2017 年时，缤客已从 1996 年成立的一家小型荷兰初创企业发

---

[1] 本章的材料选择我在哈佛商学院讲授的一则案例，该案例向高管展示如何通过数字实验建立竞争优势。本章也大量引用了 S. Thomke and D. Beyersdorfer, "Booking.com," Harvard Business School Case No. 619-015 (Boston: Harvard Business School Publishing, 2018) 中的内容。

展成为全球最大的在线旅行社（OTA）之一。① 缤客总部设在阿姆斯特丹，由十幢建筑组成，以容纳来自100多个国家或地区的员工。企业奉行以团队为导向的文化，强调自主与授权：企业遴选新员工的标准是他们是否具备实验心态，包括创新思维、快速决策、无畏精神以及公开分享失败经历的意愿。令缤客自豪的是它能够将旅客与世界上最多的酒店以及其他住宿地联系起来。每天，人们通过缤客平台预订分布在200多个国家或地区160多万家酒店的150万间客房。为了实现帮助人们"领略缤纷世界"的使命，缤客在数字技术方面投入巨资，以"消除旅行中的摩擦"。缤客因其通过在线实验，尤其是A/B测试，不懈地关注以客户为中心的产品开发而闻名，也因其在整个组织中普及实验而闻名。每一天，它的员工都会为了优化客户体验，在其网站、服务器和应用程序上进行多次严格的并

---

① 在线旅游业主要由旅游电子商务网站与旅游评论网站组成。旅游电子商务网站允许客户直接通过旅游企业的网站（如汉莎航空（Lufthansa））或是通过作为中介的在线旅行社购买旅游产品，如预订酒店房间、机票和租赁车辆等。在线旅行社与酒店及其他旅游产品供应商达成协议，购买它们的库存产品，然后允许客户通过其网站或移动应用程序预订这些产品。猫途鹰（TripAdvisor）等旅游评论网站允许客户分享他们对旅游产品的体验——例如，对酒店进行评级——并依靠网站广告赚取营收。世界各地的旅行者在预订旅游产品时越来越依赖旅游评论网站。2017年，全球在线旅游的销售额达到6 300亿美元（比2016年增长11.5%）。亿客行、普利斯林集团（Priceline Group）（缤客的所有者，2018年更名为缤客控股）与携程已成为旅游产品预订及销售领域全球最大的旅行社。就用户数而言，猫途鹰位居榜首。这四家企业推动了在线旅行社的整合以扩大市场份额，现在正与酒店等直接供应商展开竞争。在线旅行社本身也遭到了新进入市场者的挑战，如爱彼迎（Airbnb）和搜索引擎巨头谷歌。谷歌在2011年推出了一款酒店搜索工具，到2016年已经发展成为一项成熟的酒店搜索服务。它还增加了带有航空企业网站链接的航班搜索功能，让旅行者无须通过在线旅行社就能比较和预订航班和酒店。严重依赖谷歌获取客户流量的在线旅行社选择通过增加广告支出加以反击。分析师推测，电子商务巨头亚马逊可能是下一批进军旅游领域的企业之一。

发实验。随着多种登录页面的实时运行，在其网站上预订房间的客户都是缤客实验生态系统的一部分（见图 5-1）。

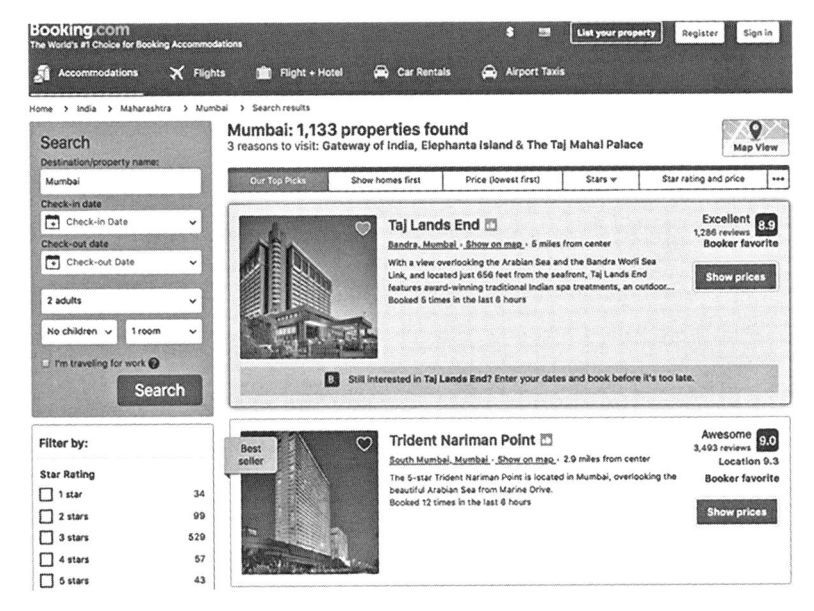

图 5-1　缤客登录页面

资料来源：S. Thomke and D. Beyersdorfer, "Booking.com," Harvard Business School Case No. 619–015 (Boston: Harvard Business School Publishing, 2018).

缤客采用代理模式，客户通过其网站预订客房，并直接向酒店支付费用。2018 年，首席执行官吉莉安·坦斯（Gillian Tans）指出："有了这种模式，你可以迅速扩大规模，你不需要支付构建基础设施的费用，酒店则负责管理库存。这也是欧洲客户喜欢的模式。他们不习惯预先支付房费，看重灵活性。"缤客的主要营收来自不可退订客房的预订佣金（全球平均为 15%），通过向各家酒店发送预订清单每月收取一次佣金。21 世纪初，1996 年成立的美国企业亿客行等竞争者进入欧洲市场之后步履维艰。这些新进入者采用的是销售商模式，它们向酒店订购大量客房，并在客户预订时向其收取费用。坦斯表示："我们的竞争对手更像是提供航班和其他选项的旅行社，对它们来说，这种经销模式更有意义。它们的利润率和现金流均得益于资金尽快回笼。"

为了增加平台的库存，缤客创建了一个由酒店与住宿供应商组成的全球网络，称之为合作伙伴。产品信息主管艾德丽安·恩吉斯特（Adrienne Enggist）解释说："我们是一个双面平台。我们面临的一项有趣的挑战是，我们的定位是连接双方的桥梁：帮助客人找到酒店供应商，让我们的供应商伙伴能够以最佳方式展示产品。"从一开始，缤客就使得新合作伙伴很容易通过其外联网、应用程序或数据连接加入缤客，展示它们的客房，而不必经历漫长的谈判，等待在线旅行社上线它们的客房。合作伙伴可以接入缤客的平台，管理库存，以它们设定的价格上传它们想要提供的客房数量。为了招募合作伙伴并为其提供支持，缤客在全球设立了 200 个办事处，4 000 名客户经理担任当地的品牌大使，并为新的合作伙伴提供销售支持。虽然大多数新注册用户是通过自动网络链接实现的，但是规模较大的合作伙伴仍然重视个人互动。企业的附加值包括为酒店提供一个广受欢迎的平台，使酒店能够在全球范围内销售库存。缤客还通过分析（关于需求、定价、竞争对手的汇总数据和客人评论等信息）帮助合作伙伴更有效地经营业务。

2017 年，为了应对来自爱彼迎和其他提供"替代住宿"的进入者的竞争，缤客将其提供的此类住宿的数量增加到 120 万套住宅和公寓（比 2016 年增长 53%）。① 它还在多个市场进行了"深入目的地体验"的测试，如向客人提供旅游景点门票。截至 2017 年 12 月，缤客的产品已经覆盖了 120 000 个目的地的 160 多万处房产（酒店、公寓、度假屋、民宿等）。其网站和移动应用程序提供 43 种语言版本。缤客在 70 个国家或地区的 199 个办事处雇用了 15 000 名员工。其中三分之一的员工与企业的大多数职能部门均位于阿姆斯特丹，其余则集中在以色列一个小型技术中心、上海的产品和营销中心以及分散在世界各地的客服中心。2017 年，缤客的所有者普利斯林集团（现在名为缤客控股）创造了 127 亿美元的营收（比 2016 年增长 18%）。据行业观察家估计，其中有 70% ~ 80% 的营收来自缤客。普利斯林集团的旅行产品预订总额达 812 亿美元（增长 19%），毛利为 124 亿美元（增长 21%）。② 2017 年 12 月，集团的市值接近 900 亿美元。分析师再次将其财务成功归功于缤客。

实验的力量

自成立伊始，优化客户体验便一直是缤客关注的重点，这一点始终没有改变。首席产品官大卫·维斯曼斯（David Vismans）解释说："想要成功，就需要提供伟大的客户体验。这是开发产品时的唯一关注点。每当他们接触到你的网站，你的网站就必须比竞争对手

---

① M. Sorrells, " Booking Holdings Reveals $12.7B Revenue, Goes Lukewarm on Airbnb Threat. "*Phocuswire*, February 28, 2018, https://www.phocuswirc.com/Booking-Holdings-earnings-full-year-2017, accessed July 2018.

② 同①。

更令人满意，这样他们才会再来。"为了找到令客户满意的地方，网站开发人员通过在线对照实验并辅以定性研究，不断尝试各种旨在改进产品体验的想法。失败被认为是正常的副产品，只要它能加速改进过程。高级实验产品负责人卢卡斯·维米尔（Lukas Vermeer）指出："我们称之为基于证据且以客户为中心的产品开发。我们所有的产品决策都是基于关于客户行为与偏好的可靠证据。我们相信，对照实验是打造客户所需产品的最成功的方法。"

最简单的对照实验是 A/B 测试（见第三章），它将 A（对照组或擂主）与 B（实验组或攻擂方）对立起来。调整可以是增添新功能、更改缤客登录页面（如更新布局）、调整后端（如改进算法）或换用新的商业模式（如折扣优惠）。无论绩效团队最关心的方面是什么——销售、重复使用、点击率、转化率或用户在网站上所花费的时间——缤客都可以使用 A/B 测试来学习如何进行优化。维斯曼斯解释说："如果我们需要创建'预订'按钮，就会想要知道这个按钮应该使用什么颜色。因此，我们创建了两个版本的网站，分别使用了黄色与蓝色按钮，并对数以百万计的客户进行了测试。我们将使用更受欢迎的颜色。决定网站更改方案的是客户而非管理者。"[1]

决定攻擂方能否获胜并不是一件容易的事。管理者必须就关键绩效指标或衡量指标达成一致，他们需要通过观察来判断绩效。缤客主要以日预订量（BPD）衡量用户转化率。但是，随着业务的增长

---

[1] J. Panyaarvudh, "Booking a Niche in the Travel World," *The Nation on the Web*, June 18, 2017, http://www.nationmultimedia.com/news/Startup_and_IT/30318362, accessed July 2018.

第五章
揭秘实验型组织

和产品的成熟,对预订后行为的衡量也很重要。坦斯指出:"日预订量的问题在于它是短期的,无法发现以后可能出现的问题。比方说,我们的取消政策不够明确,在未通知客户的情况下向客户收取费用,导致客户事后向客服投诉。这些长期信号很难在实验中捕捉到,但是我们试图将它们考虑在内,即使对日预订量的影响较小。"尽管有约 80% 的员工专注于提高转化率,但是团队可以自由地在实验中加入其他衡量指标。

缤客很早就知道,它不能相信直觉与假设。"表明人们不擅长猜测的证据比比皆是。我们对客户行为的预测十有八九是错误的。"维米尔表示。事实证明,无论在哪个领域,直觉都不可靠,无论是猜测用户更喜欢哪种颜色的按钮,还是猜测他们更看重哪种功能。在一次实验中,产品团队认为他们可以根据市场调查的结果,增加"可步行性评分"来改善预订体验(见"可步行性实验")。测试失败了。[1] 坦斯还回忆了其他的案例:"我们错误地认为,客户会喜欢与其他产品打包销售的酒店优惠,因为旅游手册上全是此类优惠。或者,我们认为客户需要聊天热线来帮助他们完成预订。这两个想法在我们的测试中都没有被证实。这就是学习的方式。"维斯曼斯补充说,"我们已经这样做了九年,通过实验来构建客户认为最有价值或易于使用的东西非常有效。我们遵从大多数人的意愿。如果你很快就失败,你还能尝试很多东西。"[2] 维米尔表示:"这就像是某种快速

---

[1] 本例只是缤客测试过的一种调整。其他调整还包括标注附近观光点的地图,介绍此处为什么适合步行,或是关于可步行性如何通过提高酒店的可及性来节省时间的声明。测试假设的多种变化("可步行性的信息提高了客户转化率")以排除将导致不成熟结论的变体,通常是一个好主意。

[2] Panyaarvudh, "Booking a Niche in the Travel World."

原型技术。作为一家数字企业，我们有许多与客户的接触点需要测试和优化。"

可步行性实验

- **洞察力**：研究表明，用户关心房产周围的区域，这是他们决策中会考虑的一部分。
- **替代假设**：展示可步行性评估（即有多少客人喜欢在附近散步）有助于用户对房产的位置做出更好的决策。
- **结果**：实验并未对关键指标产生显著影响。假设未能得到支持，现有实践仍然是擂主。

A. 对照组
（展示当前实践）

B. 处理组
（增加可步行性评估）

可步行性评估测试

资料来源：S. Thomke and D. Beyersdorfer, "Booking.com," Harvard Business School Case No.619–015 (Boston: Harvard Business School Publishing, 2018).

第五章
揭秘实验型组织

触点测试的灵感来源之一是对客户行为的定性洞察。为了找到这些信息，缤客建立了一个由 45 名研究人员组成的内部用户体验（UX）实验室，通过反馈报告、在线调查、可用性测试、街头测试和家访来研究客户是如何在日常生活中使用缤客产品的。消费心理学家格本·朗根代克（Gerben Langendijk）解释：

> 我们的产品团队可以在实验室里进行漏斗实验，观察人们如何浏览网站，他们在想什么以及他们是如何纠结的。这对团队来说是非常有帮助的，尤其是当他们认为新功能显而易见，但用户却丝毫无法理解的时候。在用户家中进行的测试向我们展示了他们如何在自己的环境中使用我们的产品，花他们自己的钱。我们在阿姆斯特丹的街道、酒吧和咖啡馆进行测试。我们展示实物模型，让人们可以尝试全新的用户界面。我们还走出国门，关注特定市场，捕捉文化偏好。对于我们的合作伙伴，我们会研究如何改善他们的供应商体验。

团队可以获得由此产生的数据，集思广益，开发新功能，改进现有功能，解决用户的问题。[1]

洞察力的另一个来源是缤客的客服部门，该部门提供 43 种语言的全天候的服务和支持。客户既可以在线解决许多问题，如更改或

---

[1] T. Pieta, "5 Ways to Listen to Your Customers," *Booking.design*, October 24, 2016, https://booking.design/5-ways-to-listen-to-your-customers-8d06b67702a6, accessed July 6, 2018.

取消预订，也可以与客服人员电话连线。缤客客服中心每年接听约1 400万通电话，客服中心发现，客户对产品质量的期望稳步提高。客服中心将相关反馈转发给开发人员，以便他们就其开展新的实验。首席数据科学家翁诺·祖特（Onno Zoeter）指出："他们提供了关于客户体验后端以及如何在长期内确保产品长盛不衰的重要反馈。我们在客服上投入了大量资金；远程客服中心配备了与首席执行官办公室同款的办公桌椅，并且会飞到阿姆斯特丹参加缤客的年会与聚会。"维斯曼斯认为，缤客的竞争优势就是通过大规模实验来执行其商业模式："我们通过广告支出从谷歌购买需求，将需求转化为预订，获得积极的投资回报，然后根据这些需求寻找供应。而且，由于有一个KPI与我们的底线相关，我们要求每个人都尽可能地进行实验。唯一的要求就是，所有调整都必须经过测试。因此，随着时间的推移，你会收获许多小变化的累积效应，没有人能够再与之竞争。"

缤客有自己版本的增长飞轮概念（见图5-2），维斯曼斯解释道：

> 这是具有网络效应的良性循环，其中的每个组件都是一个加速器。对其中的任何一个进行投资，随着飞轮的转动，它将惠及所有人并带来增长。对我们来说，缤客的增长飞轮始于良好的客户体验。通过A/B测试，我们改善了产品体验，从而提高了转化率。我们获得的客户越多，转化率越高，飞轮的转速就越快，营销的投资回报率就越高，流量就越大，因此就有更多的合作伙伴希望加入我们的平台，为我们带来更多优势。

第五章
揭秘实验型组织

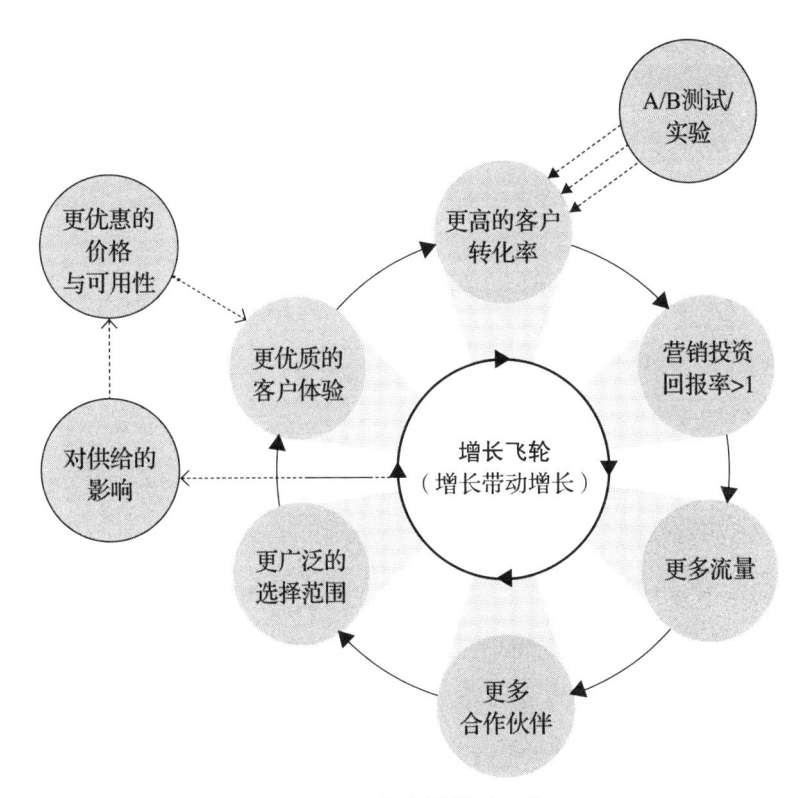

图 5-2 缤客的增长飞轮

资料来源：S. Thomke and D. Beyersdorfer, "Booking.com," Harvard Business School Case 619-015 (Boston: Harvard Business School Publishing. 2018).

维斯曼斯表示，这种良性循环给了缤客的客户更广泛的选择、更实惠的价格与更优质的服务，这反过来又能产生更好的体验：

> 这是"增长带动增长"模式。你不能忽视它的任何一个方面。如果无法实现转化，你就无法再履行合同，因此你需要密切关注各项衡量指标。无论从何处着手，你都需要定义这些指标，然后对其进行 A/B 测试。如果希望合作伙伴给予你更

多的帮助,就需要开始测试。最终,整个商业模式就能具有可试验性。但是你首先必须了解策略。如果在不了解网络效应连接方式的情况下便贸然进行 A/B 测试,你就只能像是一只无头苍蝇。

实验型组织

到 2017 年,缤客在任意时刻运行的并发对照实验的数量均超过了 1 000 项。(我估计每年的实验数量超过 25 000 项。)[①] 它们由来自所有部门的员工在网站与移动应用程序上发起和分析,覆盖所有产品,包括合作伙伴使用的工具、客服热线以及内部系统。一位用户体验文案专员为我们介绍了他所体验的速度和自主性:"早餐的时候我生出一个念头,随后骑车上班,午餐前就能实施并上线。我从未在其他地方感受到如此之大的验证我想法的自由度。"大约 80% 的测试都与"核心"有关——一切与实际的客房预订体验相关的东西。因此,不同的登录页面会同时上线。客户会被随机分入对照组与实验组,大多数实验都受到了大部分客户流量的影响。设计总监斯图尔特·弗里斯比(Stuart Frisby)指出:"因此,排列组合的数量简直

---

① 缤客并未透露每年的实验次数,但是简单的计算表明,这个数字十分庞大。为了对此进行估计,我们需要用到利特尔法则:产出率(OR)= 在制品(WIP)/ 提前期(LT)。如果提前期约为两周,而在制品约有 1 000 项实验,那么,企业每周大约能够运行 500 项实验,或者每年运行 26 000 项实验。如果平均每项实验运行三周,产出率仍为每年 17 333 项实验。

就是天文数字。这也意味着,在同一地点访问缤客网站的两位客户不太可能看到相同的登录页面。"高级产品总监安德烈亚·卡里尼(Andrea Carini)补充道:

> 我们有一个理念,就是在与客户互动的过程中尽可能多地进行测试,有些测试需要多次迭代或是在以后重新进行,这就使得实验数字变得更加庞大。从整体重新设计和基础设施变更到修复微小错误,一切都需要经过测试。如果我遇到了一个软件错误,我希望能够确保我的修复能够改善用户体验。所以,我们会对这个错误进行对比测试,将其放在 A 组,并将修复放在 B 组,以确保新代码确实能够解决问题,并且不会对客户衡量指标产生负面影响。

实验平台

缤客创建了一个内部实验平台(或一组工具),以确保每个人既能轻松地进行测试,也能严格地执行测试。缤客实验平台的设计原则见表 5-1。企业有一支由 7 人组成的专门的核心实验团队,团队由维米尔领导,也是核心基础设施部门的一部分,负责管理实验基础设施和工具,并为整个组织提供培训与支持。维米尔指出:"团队的使命是让所有员工都能自主地进行实验。"缤客产品部门直接设立了 5 支卫星支持团队;其他支持团队则转移到合作伙伴与客服部门,以帮助他们增加实验数量。维米尔解释说:"团队专门负责一个产品领域，位于同一楼层，参加同样的会议。"其他团队专门负责改进实验平台或探索先进的统计方法。

表 5-1 缤客实验平台的设计原则

记录实验成败的中央数据库	所有实验者均可查询对于所有实验迭代与最终决策的描述。
通用性与可扩展性	实验设计抽象化，报告自动化，产品不可知。
数据可信	通过在两个独立的数据管道中计算共同的衡量指标来监测数据的有效性。
松散耦合	有意地分离业务逻辑和实验基础设施。
建立保障措施	鼓励采用合理的方法，提供数据质量检查。

资料来源：S. Thomke and D. Beyersdorfer, "Booking.com," Harvard Business School Case 619–015 (Boston: Harvard Business School Publishing, 2018).

支持团队将时间分配给以下任务：为所在部门的实验提供技术支持、为管理层准备关于实验进展的信息，以及改进工具和衡量指标。维米尔强调了自主权的重要性："如果团队认为他们需要邮件来提醒自己有关实验的信息，他们就可以自由创建此类邮件。"如果这项功能效果很好，并且其他团队也要求这样做，我们就会用于核心实验团队并且进行集中管理。每个团队都向其所在的部门汇报，但是我每天都会轮流查看他们的工作。我们还与他们定期举行会议，每季度举办一次为期一天的场外活动，交流最佳实践经验。

缤客平台旨在让所有人都能开展实验。为了鼓励开放性，它提供了一个存储过往实验的可搜索中央数据库，对实验的成败、迭代以及最终决策进行了完整的描述。标准模板能够以最少量的专门工

第五章
揭秘实验型组织

作实现跨部门和跨产品的实验设置,而像用户招募、随机化、访问者行为的记录和报告等流程都可以在一套应用程序接口的支持下自动实现。为了使实验可信,通过在两个完全独立的数据管道中计算一组共同的衡量指标来监控数据的有效性,由工程师维护以快速检测错误。平台内部设置一些保障措施,使实验在执行前和执行过程中都能受到所有者与社区的监督。维米尔解释说:"有点讽刺的是,正是实验基础设施的集中化才使组织的去中心化成为可能。每个人都使用相同的工具。这促进了双方对彼此数据的信任,也促成了讨论与问责。尽管诸如微软、脸书或谷歌之类的企业可能在机器学习等领域拥有更先进的技术,但是我们通过简单的 A/B 测试成功地让所有人都参与实验。我们在整个组织内实现了测试民主化。"弗里斯比补充道:"1 800 名技术人员和产品人员中约有 75% 的人积极使用实验平台,这一比例相当之高。现在,我们的合作伙伴与客服部门也加入了这一行列。"

维米尔强调了招聘和培训的重要性:"在这里有所成的人都充满好奇,思想开放,渴望学习和解决问题,并能接受自己的实验被证明是错误的。一些人之所以加入是因为他们想在一个流量很大的网站工作,在那里他们可以通过数据验证自己的想法。"维米尔的团队为新员工提供培训。"人们希望了解这个工具,但是在最初的几个小时里,我们会和他们谈论科学方法,然后是实验、假设、统计术语、实验设计、道德以及合规等等。"他说。新手与一名高级工作人员结对,后者会更详细地解释工作内容,介绍平台并分析实验和相关决策。新人还可以使用所有工具,在早期便获得实践经验。

约有 80 人参加了同行评议项目，随机配对志愿者以评议测试，这些测试是通过缤客实验平台上的"随机分配实验"按钮选择的。平台的设计有助于发布反馈、提供发布评论与相关信息的空间、为撰写优质评论及使用其他工具提供指南。最近，缤客启动了实验大使计划，选出约 15 名经验丰富且能为产品团队提供额外支持的员工。实验大使不属于维米尔团队，但是会参加维米尔团队所有的内部沟通与每月例会，并且在问题升级时能够直接联系维米尔及其团队。[1] 一名开发人员指出："缤客的实验是一个不断发展的过程。我有时会嘲笑我四年前做的缺少二级指标的实验。直到今天，我们仍在不断提高标准，对我们进行实验的方式进行创新。"

组织设计与文化

缤客主要由四个部门组成：产品部（这是最大的部门）、合作伙伴服务部、客户服务部与核心基础设施部。企业依旧保持着扁平型的组织结构，只有几位高级副总裁、产品负责人和技术经理，并且尽可能地将决策下放到各个部门。卡里尼指出："并非所有东西都整齐划一，也不是每个人都有明确的报告路径。这些都是一家以指数级速度增长的企业典型的'妊娠纹'。缤客已有 21 年的历史，但大多数员工都是在过去 8 年内加入的。拥有一个整齐的结构也是没有效率的。如果坐在一个整齐划一的盒子里，等着别人告诉你该做什么，又怎么能在我们这个快速发展的行业中进行创新并做出反应

---

[1] S. Gupta et al., "Top Challenges from the First Practical Online Controlled Experiments Summit," *SIGKDD Explorations* 21 (June 2019).

第五章
揭秘实验型组织

呢？"维米尔补充道："一些人与扁平型结构做斗争，因为上升的空间很小。然而，任何人都可以做任何事情。团队与个人都承担着很多责任，人们到处流动，这使他们能够感到有趣，让他们看到客户旅程的不同部分。"缤客对所有员工进行季度绩效评估，其中包括来自经理和同事的反馈以及自我评估。

在整个企业，员工被分成 6～8 人的多学科团队。每个团队都有一位产品负责人负责从业务角度制定产品路线图。其他成员由技术人员即工程师和设计师组成，负责编码和实现想法。技术人员通常包括前端和后端开发人员、设计人员、文案人员、研究员和数据分析师。团队中的任何一个人都可以发起实验，然而，90% 的测试来自团队而非个人。卡里尼指出："通常，团队协作启动测试。产品负责人提出问题，工程师确定变量，然后所有人一起提出正确的假设、执行实验、进行迭代。每个人都对实验如数家珍，所以，你们可以进行投缘的对话。"通常，设计人员将大约 75% 的时间花在实验设计上，25% 的时间用在研究与职业发展上。高级员工花了大量时间给予新手指导。弗里斯比补充道："我开发了诸如可重复使用的列表之类的工具，因此，其他设计人员不必从头开始创建这些工具。由于大多数实验都失败了，我们希望有人能够重新设计这些实验，用最少的时间与精力来完成质量最高的实验。经过压力测试的工具能够为他们提供帮助。"

企业鼓励各团队尽可能多地进行实验。弗里斯比继续说道："任何人都可以做任何事，尝试他们想要尝试的任何事。除了法律约束、公平展示属性以及诸如此类的事情之外，没有什么是神圣不可挑战的。"维斯曼斯指出:"一旦你认定测试是组织构建产品、拥有正确衡量指标的正确方式,你别无选择,只能赋予所有人自主权。这是解锁团队创造力的唯一有效的途径。实验的成功率很低,因此你需要大量尝试。干扰创新的高管指令只会减缓创新进程。理想的组织文化接近无政府状态。或者说的好听一些,是有组织的混乱。KPI和目标可以确保人们知道测试什么以及如何测试。"卡里尼澄清道:"显然,我们也有共同的企业价值观,即指导我们行事的工具,因此,我们知道人们不会做完全疯狂的事情,例如在线直播非法行为等。我们的价值观是:在决策的过程中要以数据为导向,永远把客户放在第一位,等等。"缤客的共同价值观见表 5-2。

表 5-2 缤客的共同价值观

价值观	描述
我们相信好奇心、实验以及持续学习的力量。	我们真的十分好奇,并以发现新的可能性为动力。我们不满足于现状,也不惧怕失败。相反,为更好地了解客户的需求而不断进行的实验令我们感到兴奋,我们也接受对团队、产品与流程的不断完善。
比起个人目标,我们更关心共同成功。	我们知道,团队可以实现个人无法实现的目标,我们也在合作中茁壮成长。我们为我们能够共同完成的事情感到自豪,并乐于放下个人野心,为团队的成功而努力。
我们谦虚、开放、友好,知道多样性赋予了我们力量。	我们知道,我们真正的敌人是傲慢,我们每天都提醒自己:要创造完美的客户体验,我们还有多远的路要走。我们的友好与坦诚至关重要。我们天生的多样性以各种可以想象的方式反映了客户的多样性,而融合多种观点的能力对成功而言至关重要。

第五章
揭秘实验型组织

续表

价值观	描述
我们抓住机会进行改善,也理解成功始于责任和所有权。	我们每个人都有自己的角色,并满怀信心地承担起自己的角色。这意味着我们不害怕承担赋予我们的责任,犯错误时勇于承认,或者推动彼此加以改善。我们愿意代表整个企业行事,并且知道只有当我们既提供支持又提出挑战时,才能获得成功。
我们在变化中茁壮成长。	我们有必要适应变化,以确保我们能够应对不断变化的客户需求、行业动态和高增长。有些人在生活中受制于变化,不惜一切代价避免变化。其他人则试图应对变化并坚持下去。在缤客,我们在变化中茁壮成长。我们相信,快速变化是机遇的驱动力并对变化感到兴奋。

资料来源:S. Thomke and D. Beyersdorfer, "Booking.com," Harvard Business School Case 619–015 (Boston: Harvard Business School Publishing, 2018).

平均而言,10 次实验 9 次失败,也就是说,它们对选定的衡量指标没有影响,或者说没有负面影响。但是,未能成功的实验并不是失败的实验。维斯曼斯指出,进一步调查往往是有用的。"例如,我们确信,人们关心酒店客房内的无线网络质量。我们测试了一项以 1 ~ 100 的数字显示网速的功能,然而,客户并不在乎。只有当我们表明信号是否足以收发电子邮件或登录网飞看剧时,客户才给予了积极的回应。"实验结束之后,团队会对其结果做出重要、中等、一般糟糕或很糟糕的评价。卡里尼指出:"这使得组织中的任何人,无论是不是工程师,都能迅速得出结论。对于大多数实验来说,我们都不需要百分百的确定,我们不是在制药业拯救生命。很多时候,我们只想知道蓝色按钮与黄色按钮效果相同还是更优,而且更改按钮无须投入成本。对于成本高昂的实验,比如用 20 美元的代金券来激励客户,就需要更严格的证据标准。"团队在分析结果之后决定是否将该方法扩大化为永久功能,随后成为新的基线。祖特解释说:"我们可以选择一些较小,甚至是微小的改进,并迅速将其添加到我们的网站上。即使转化率仅提高了 1%,也会对我们的盈亏底线产生很大影响。"弗里斯比补充道:"我们可以极快地做到这一点,因为团队是决策单位,实验发起者只需点击一个按钮,就可以为数百万人开启一项功能。在其他地方,他们必须把结果提交给某个委员会,再由其做出决定。如果实验做得很好,而且你遵循了正确的文化规范,就不需要这些保障措施。"

新员工很快就获得了自主权。高级产品负责人威廉·伊斯布鲁克(Willem Isbrucker)回忆道:"入职之初,这样的信任程度令我感到困惑。从第一天起,我就能就实验做出决定,并在一周内完全控制后续工作。假设你想将网站变成粉红色,如果你有任何证据表明这可能对用户有好处,那么你就可以进行测试。这与我此前的雇主大不相同。当我意识到我可以对数百万人进行日常测试时,我感到非常高兴。"

高度自主也会带来挑战。一个风险就是,团队与个人可能会破坏缤客的高流量网站,这可能导致网站崩溃。此外,在这样一个自下而上的去中心化组织中,每个团队都必须确定自己的方向,弄清他们想要解决的用户问题。对于员工来说,这意味着很大的责任。伊斯布鲁克继续说:"在这里,你无处可藏。如果既找不到也解决不了用户问题,或者你破坏了什么,你都找不到任何替罪羊。"鼓励

第五章
揭秘实验型组织

员工展开辩论，如果人们发现任何他们认为有问题或不赞同的事情，他们就会联系同事。然而，任何人都可以终止缤客的实验，正如维米尔所言："在现实中，这种情况很少发生。通常，如果你发现了问题，就会联系一个团队。例如，询问他们是否留意到他们正在流失2%的转化率，以及他们是否正在处理这个问题。终止某人的实验被认为是非常具有攻击性的做法。只有在别无选择的情况下才会这样做。比如说，晚上你一个人在办公室，而世界上某个地方发生了一场需要立即停止实验的事故。"

引发激烈争论的一个问题是对于话术的使用。例如，产品页面上出现了诸如"客房数量有限，即刻锁定优惠""火爆""仅剩三间"等信息。虽然这些信息的初衷是告知消费者是否仍有空房，但是有些人认为，这些信息传达了客房的稀缺性。批评者认为这些信息可能会误导客户，让他们误以为整家酒店只剩三间客房，而实际上这三间客房是酒店分配给缤客的。在监管机构介入后，缤客将这一信息修改为"平台仅剩三间"。人们经常就使用这种技术是否符合客户最佳利益展开道德辩论。实验表明，此类信息的传递方式是有效的——转化指标得到了改善。客户确实做出了积极的回应。利用心理学技巧也是一个新员工快速获得测试成功的简单方法。消费心理学家朗根代克解释说："当团队要求我研究说服性元素时，我首先解释说，伟大的产品就是最好的说服因素。我们需要了解这些因素在何处是有意义的——例如，当一位有经验的游客找到了合适的酒店并准备预订时——以及它们可能在何处伤到人，尤其是对第一次来的游客。我们希望客户能够拥有满意的预订体验，并且经常回来。"

高级管理层通过诸如脸书 Workplace 协作平台的"客户体验辩论小组"等内部论坛鼓励员工进行这些讨论。维斯曼斯指出：

> 人们展示了一些实验的案例，他们认为这些实验或是越界，或是急于求成，或是对客户不够透明。我们就此展开了公开辩论。我们知道，拥有单一的衡量指标即转化率大有裨益。但是它并不完美。完美的衡量指标是忠诚度，但这需要数年的时间进行测试与衡量，以了解客户是否忠诚，因此我们必须找到一个代理变量。如果你能够进行适当的 A/B 测试，就能找到影响客户行为最有效的方式。

维斯曼斯说，更大的问题是，缤客模型是不是最可持续的业务增长方式。他继续说道：

> 我们仍然处于黑暗时代。互联网问世不过几十年，我们像刚刚学会使用火一样。充分了解客户行为需要时间。当然，如果有人想做一个"糟糕的实验"，他们完全可以这样做。这是我们为自主权及其赋予我们的巨大力量所付出的代价。但是，我没有看到任何故意为之的坏事或是道德上存疑的问题，比如操纵只住得起三星级酒店的人去预订五星级酒店的客房。所以我宁愿远离警察或道德审查委员会。这不是一个可扩展的解决方案。你会制造一个瓶颈，而测试警察并不能让人们觉得自己被赋予了权力。我宁愿有一个可以自我修正的社区、一个自愈组织。

第五章
揭秘实验型组织

假设管道

缤客有一个明确的任务，就是高速运行实验。为了促进假设管道的发展，人们必须不断地提出新的想法、用户问题和需求。这些想法来自与用户的交谈，来自使用产品本身预订住宿，或者来自过去的实验。团队还可以要求进行调查、实验室测试或其他定性研究，并从客服部门获得关于痛点和用户偏好的信息。需要优化的渠道、运营服务和语言种类繁多，因此寻找测试思路并不是一个大问题。每个团队都有一套独特的方法来管理创意的产生过程，填补他们的假设管道。

自 2014 年缤客引入正式的实验流程之后，团队必须从一个可检验的假设开始。维米尔指出：

> 以前，没有明确的规则。基本上就是，你想出一种产品改进，测试 A 和 B 看看哪个能够获得更多的点击率。然后付诸行动，继续下一项测试。但是，这样的流程缺乏条理，很容易导致实验出现错误。现在，我们请人们写下他们试图解决的问题，并以可证伪陈述的形式来阐述他们想要检验的假设，这种陈述在逻辑上可能被证明是错误的。这迫使每个人把事情想清楚，不再只是猜测，而是收集证据，学习如何解决客户的问题。

为了帮助人们写出更好的假设，维米尔团队创建了一个假设模板（见表 5-3）。模板中指出，一个好的假设首先要描述一种通常基于先前证据的理论或信念,说明特定受众的某种条件将如何改变一种机制,或者这种改变将如何改善受众的产品体验。(在黄色"立即预订"按钮的案例中,可以提出将按钮颜色改为蓝色将如何有助于用户更容易找到它的理论。)然后,团队应该说明哪些指标可以用来证实或证伪这一理论,或者哪些行为可以验证假设(例如,更多的用户徘徊、点击)。最后,它应该说明这种变化对企业有何益处(例如,产生更多的预订)。

表 5-3 假设模板

理论	根据[之前的情况],我们相信给[用户]提供的[条件]将鼓励他们的[行为]。
验证	当我们看到[指标][生效]时,我们就会知道这一点。
目标	因为[动机],这对客户、合作伙伴和我们的业务都有好处。
案例	我们在用户研究中观察到,有些人很难找到"立即预订"按钮。我们怀疑这是由字体与背景之间对比度过低造成的。为了解决这个问题,我们将把按钮从黄色改为蓝色。如果这个解决方案可行,我们希望看到更多的用户徘徊、点击,并最终下单。

产品总监吉尔特-简·格里姆伯格(Geert-Jan Grimberg)回忆了一个案例:

> 我们在阿拉伯国家的移动转化率比其他地方低。但是数据并没有告诉你为什么会这样。一旦深入研究这些数据,就会发现移动网站并不支持"从右到左"的阅读模式。阿拉伯人习惯从右到左,而不是从左到右阅读。这一见解引出了一个简单的假设:"我们可以帮助阿拉伯旅行者,使他们的移动预订体验符

合从右到左的习惯。"因此我们设计了一个持续两周的实验。对照组 A 是一个从左到右滑动的阿拉伯语版的移动网站。实验组 B 是从右到左滑动的版本。假设往往来自定量研究和定性研究中获得的洞察或者某种你试图理解的异常现象。

标准化流程

要启动一项实验，团队需要填写一份所有人可见的电子表格。表格要求员工提供实验的名称，陈述实验目的（自行描述或从下拉菜单中选择需要解决的共同痛点），指定主要受益者（如客户、合作伙伴），引用它所基于的过去的实验，说明其正在改变的领域，明确变体的数量（最多 20 个），并指定其运行的平台（如桌面）。默认的系统设置遵循多年来形成的核心标准。维米尔指出："我们已经在工具中加入了很多新的准则与标准。团队可以更改设置，但他们最好能够提供一个好的理由，因为更改设置很容易遭到同事的质疑。"一个重要的变量是表明实验成功的阈值或者说是 p 值：实验组 B 比对照组 A 表现更好（术语见表 3-1）。不存在完美的阈值，因为实验的 p 值也衡量了错误接受 B 为赢家的机会（假阳性）。阈值越严苛，实验的成功率越低；相反，阈值越宽松，假阳性率就越高。在缤客，大多数实验的 p 值必须低于 0.10（90% 的置信度）才能被视为具有统计学意义。卡里尼解释了持续期的逻辑：

> 它为我们提供了两周的时间来校正任何异常值。这也让我们有时间观察是否会出现任何意想不到的后果。它确保我们能

够接触到最低数量的用户，理想状态下是每个变体超过 100 万个独立访客，这可以在两周的运行时间内实现。我们需要很大的样本量才能看到显著的结果，因为我们测试的通常都是非常小的变化。A/B 测试最适合用以持续改善现有产品，每次进行一处微小改动，以创造出更好的产品。我们鼓励需要更长运行时间的团队以周为单位，增加实验时长。用于制定关键管理决策的实验有时需要 5～6 周的时间。样本量较小的实验，如仅限于访问意大利的法国客户，可能会持续几个月。

实验创建过程中的许多设置和流程都是自动化的。例如，平台将客户随机分为对照组和一个或几个实验组。随机化有助于防止自觉或不自觉引入的系统性偏差影响实验结果，因为随机化使得实验组和对照组之间均匀地分布了任何剩余（可能未知）的潜在的影响因素。恩吉斯特说："我经常通过比喻向较少参与测试的客服人员解释这一点。假设你有一个挤满了人的体育场。你给其中一半的人服用了维生素 C。他们身上还发生了很多其他的事情，但是由于随机化，这些事情均匀地发生在所有人的身上，因此只有维生素 C 才会造成实验结果的差异。"

团队在填写电子表格时，系统会告知他们目前正在进行的类似实验（例如，测试同一产品页面的相同功能）以及正待启动的实验。如果两者之间存在过多的重叠或潜在的冲突，团队需要根据这些信息来调整或推迟他们的实验。企业鼓励设计人员尽早与研究类似主题的同行交流，以协调他们的测试工作。缤客并未正式限制同

第五章
揭秘实验型组织

一主题的实验数量。维米尔指出:"这个问题已经讨论过几次了,但是我们没有加以限制。没有人拥有一个产品的任何特定部分,团队都可以自由测试。如果他们认为有意义,就可以非正式地同意对他们的实验进行排序,但是并不要求他们一定这样做。"缤客平台可以自动识别和突出显示那些会引发互动问题的实验,因此团队可以停止这些实验。卡里尼说:"如果你把按钮的颜色改为蓝色,而另一个团队将背景颜色也改为蓝色,那么,客户就看不到我们的广告。"

一旦实验启动,团队会在最初的几个小时里密切关注实验,如果主要或次要指标迅速下滑,他们可以提前停止实验。卡里尼补充道:"从方法论上讲,这不是很好,但是从商业上来说,我们不能冒着让一项实验在正确的运行时间内持续运行,但在两周内毁掉业务的风险。"弗里斯比继续说道:"我们可以像其他企业那样实现自动化,但是我们却选择手动操作。我们在办公室周围安装了显示每秒预订数的墙板,如果团队看到这个数字开始下降,我们希望他们能够做出正确的决定。人们更容易找出原因。比如说世界杯开始了,而预订量因此大幅下降,但是我们不想停止实验。"

缤客平台还会进行自动数据质量检查,如果出现异常情况,就会发送警告信息。蓝色标志代表信息问题,黄色意味着报告可能存在问题,而红色则意味着报告失败。粉色标志是最糟糕的警告,也被称作"粉色的厄运之箱",意味着基础数据无效。一项实验的信息对缤客的所有员工可见,空白的模板字段可以触发其他雇员的即时查询。伊斯布鲁克指出:"我订阅了几份电子邮件报告,可以获得关于团队测试、特定人群或在某些衡量指标上为正或负的实验报告。我们每天都会收到所有实验的摘要，因此，如果有任何我想挑战或讨论的事情，都可以主动联系实验团队。我每天会留出大约一个小时的时间来审查其他实验，尤其是更有影响力的实验或是方法新颖的实验。这里面有很多学问。"

对于任何导致重大问题或故障的实验，都要共享包含经验教训的具体报告。

B2B 实验

缤客还对其供应商网络——合作伙伴——进行了实验，但是这也带来了许多挑战。首先，样本量要小得多，业务影响也更不均衡。大型连锁酒店的交易量远远高于小型酒店，缤客必须对此做出解释。其次，合作伙伴的决策往往涉及多个人员及复杂的 IT 系统。实验参与者的行为能否反映其所代表组织的行为？最后，合作伙伴与缤客平台之间的频繁互动意味着实验必须更加谨慎，这样合作伙伴参与者就不会因为太多的变化而感到沮丧。

合作伙伴实验在缤客的中央平台上进行，已经发展到约 200 项并发实验。运行时间为两周，在这两周内，60%～70% 的合作伙伴至少访问缤客一次。同样，团队拥有充分的自主权，实验对所有人可见，所有合作伙伴实验的每周摘要都广泛传阅。然而，关于找到正确衡量指标的辩论始终未曾停歇。最好的衡量指标是长期合作伙伴的价值，但是与客户忠诚度一样，很难从单一测试中得出这一结论。短期指标，如"增加的客房数量"更接近用于客户的转化率指标，但是"售出的客房"等指标也被考虑在内。格里姆伯格描述了他们面临的挑战："可用的预设计功能越来越少，我们需要对合作伙伴更加谨慎。我们的一个团队花了一个月的时间开发个性化登录功能，研究需求，制作模型。对于我们的核心合作伙伴，他们可能会更快地进行测试，也许是通过一个虚拟链接——只需向客户发送一条'即刻创建家庭账户'的信息，然后再发送'抱歉，我们只是在测试，感谢您的关注'。"

由于与合作伙伴频繁互动，缤客一开始就将自己的实验开诚布公。格里姆伯格继续说："我们讨论了他们注意到的变化。测试一个较大的变化时，比如修改价格和可用性，我们可能会在变体上附加一份调查，'欢迎来到我们的新页面；告诉我们你的想法'。测试之后，我们接到了反应不一的电话，有些人非常喜欢他们看到的东西，但是在两周后却发现这些东西已经不见了。"

不同的领导模式

缤客的管理层认为，真正的实验型组织也需要一种不同的领导风格。维斯曼斯解释说："我来自一家典型的领导风格自上而下的企业，创始人确信自己知道客户想要什么，并做出所有决定。但是我发现，大多数时候，他们的信念是错误的。在缤客，每个人都知道这一点，因此领导的魅力就要小得多。领导给员工制定 KPI，让员工完成。"高层领导制定任务和战略目标，最近已经从关注住宿转变为建立"全球体验平台"。现在，他们必须将新战略转化为投资和 KPI，然后才能让员工"自由发挥"。坦斯补充道：

许多领导在我们的环境中会感到不自在。领导不能自负，认为自己能够看清一切。作为首席执行官，如果我对某人说："我希望你这样做，因为我觉得这对我们的业务有好处，"他就会看着我说："好。我会测试一下，看看它是不是可行。"缤客前任首席执行官刚从美国来时，向员工展示了一个重新设计的标志。员工说："很好。让我们用实验来检验一下这个标志。"他大感不解，但是别无选择。实验的结果将决定标志的去留。

坦斯认为辅导、文化和人才管理是她的主要职责。她将大部分时间花在招聘上。迅速扩大规模的唯一方法就是尽可能多地引进聪明人。一旦他们来到缤客，对他们进行辅导就十分重要。坦斯继续说道：

如果我能让别人成功，那么企业就会处于最佳状态。开会时，我坐在那里是为了提供帮助，而不是判断对错。如果看到团队在某个决定上犹豫不决，我会帮助他们思考。我的角色是创造一个可以帮助人们发挥出最好状态的场所。对我来说，重要的是让员工为自己在缤客的经历而感到自豪。他们应该感到自己为客户和旅行带来了变化。

高层管理还要确保人们不会为了实验而实验。这需要承认 A/B 测试的局限性。伊斯布鲁克说："如果缺少足够的流量——足够的用户以获得显著的结果——就不应进行 A/B 测试。此外，如果不知道成功的产品应该是什么样子的，不能为你的假设下定义，实验就无

第五章
揭秘实验型组织

法为你提供帮助。而且,测试只会告诉你'人们在做什么',而不是'为什么'或他们感觉'如何',要了解后两项内容,你需要定性研究。最后,测试只能为下一步'去哪里'提供有限的指导。"

A/B 测试最适合渐进式创新。测试一款全新的产品既困难又不自在,因为没有基线可以比较。同时,实施更激进的实验可以促使团队去探索,而非优化,尽管当几个变量同时发生改变时,更难理清因果关系。高级产品负责人迪帕克·古拉蒂(Deepak Gulati)指出:"如果拥有强大的实验文化,能够对现有产品进行渐进式改进,到了某个时候,开发原始产品的人已经离开,而新产品不再存在于你的 DNA 之中。你已经成为一台至精至简的客户转化机器,在实验的驱动下实现微观优化。但是,如果想要拓展新的领域,就再也遇不到高瞻远瞩、知道如何行事的人。"维斯曼斯同意:"这是小步前进、数据驱动型组织的弊端。在没有数据、没有基线可以测试的那一刻,我们就像被车灯吓呆的小鹿一般。在我们这个行业,任何你没有投资的互联网机会都有可能成为未来的威胁。"

突破性创新测试的一个问题就是,缤客平台不适合进行有限的测试。所有实验都在真实环境中运行。弗里斯比指出:"即使对用户基础做出限制,比如说,只向 5% 的用户公开改变业务流程的内容,但这仍然代表着每天有数以万计的交易。如果减少流量,就削弱了实验的力量。有时,最好从外部原型开始,通过定性测试建立信心。"古拉蒂补充说:"如果出现问题,将造成巨大的反响,这也是当新人带着他们伟大的想法加入的时候,我们坚持循序渐进的原因之一;另一个原因是,如果同时改变几件事情,你无法分离出导致指标改变的变量。"

维斯曼斯认为，就战略决策而言，A/B测试无法代替领导力。他解释道：

> 我们的新战略［向旅游景点等其他旅游领域进行多元化发展］使我们向利润率低于酒店预订的业务进行投资，我们假设未来会发生一些能够保证投资的事情。这一切都基于信念，我们手上有一些数据，但没有数据告诉我们，成功的概率很高。这样的"商业模式创新"只能来自领导层，而非专注于渐进式创新的产品团队。为了保护新业务不会遭到"排斥"，最好在核心部门之外再创建一个与领导层以及新的指标直接挂钩的新的小型组织。

最终，发挥在线实验的力量可以归结为管理与文化问题。维斯曼斯总结道：

> A/B 测试是一个非常强大的工具，在我们这个行业，不接受 A/B 测试就会消亡。如果要我给首席执行官提出一些建议，那就是：大型测试并非技术问题，而是一种需要完全接受的文化问题。你需要问自己两个重大问题：你愿意每天面对自己的错误吗？你愿意赋予雇员多大的自主权？如果答案是你不喜欢被证明是错误的，不希望让员工决定产品的未来，不接受 A/B 测试就行不通。你永远无法享受实验的全部益处。

第五章
揭秘实验型组织

高级管理层专注于设定一个巨大的挑战（全球最好的体验平台），为大规模实验构建基础设施，并与其他人遵守同样的规则，因此最终形成一种新的学习型组织，在这种组织中，科学方法已经深深地融入日常决策之中。卡里尼观察了缤客成为一个实验型组织的过程：

> 在过去的两年里，我们在基础设施和方法论方面取得的进展意义重大。五年前我加入缤客时，主要由后端开发人员设计实验，大约50%的实验不够严格。现在，我们已经大幅降低了实验的门槛，不论是产品负责人还是文案人员，所有人都可以免费测试。我们还降低了感知成本，一旦有了一个假设，很快就能对它进行检验。对文案做出简单的更改，例如，从"预订"到"缤客"，只需要一台服务器即可，不出一个小时，你就能够收集到数据。如果你想测试以43种语言呈现的文本，需要24小时。如果你想追踪多台设备，一两天就可以完成。在其他企业，这需要更长的时间，因为你需要向专门的专家预约测试，就会造成工作上的积压。

超越缤客

本章对缤客的深入研究表明，一个将大规模实验考虑在内的综合组织可能是什么样子的。但是，我们也在书中看到了其他企业以自己的方式应对组织和文化挑战。以面向全球专业人士的网络平台领英为例，它拥有近 14 000 名员工，为超过 6.1 亿名注册会员提供服务。[1] 企业的产品团队每月进行 1 500～2 000 项新实验，不论何时，均有 500～1 000 项活跃测试。2018 年，2 000 多名员工启动了约 20 000 项实验（每项实验可能涉及多次迭代），通过约包含 6 000 个指标的自动 KPI 管道进行评估。换句话说，这是一项规模庞大的实验，与缤客的情况完全不同。

领英很早就发现了实验的惊人力量。在一项实验中，企业测试了让会员完善个人资料的想法。其中一个变体显示了一个小模块，邀请会员"通过展示你所关心的事情，为你的职业身份增添更多色彩"。并列出了八个用户可以点击的方框（例如，儿童、社会行动）。这项小实验收获了巨大的成果：用户对志愿者经历的填写率提高了 14%。另一项实验则简化了高级服务的支付流程：预订营收增加了数百万美元，退款订单减少了 10% 以上，而免费试用订单增加了 10% 以上。[2]

领英也认为，组织中的实验必须完全民主化。产品团队形成了大量能够推动企业实验管道发展的假设，而且，只要能够获得相关产品负责人的批准，并遵循内部实验指南，任何人都可以进行新的

---

[1] 2019 年 3 月 18 日，对研究科学家伊沃尔·博吉诺夫等的在线访谈。

[2] Y. Xu et al., " From Infrastructure to Culture: A/B Testing Challenges in Large Scale Social Networks." *Proceedings of the 21st ACM SIGKDD International Conference on Knowledge Discovery and Data Mining* (KDD)' 15, Sydney, Australia, 2015, New York: ACM, 2015.

第五章
揭秘实验型组织

测试。[1] 如果员工需要帮助，可以加入论坛或联系在核心平台上工作并开发新方法来拓展测试边界的工程师和应用研究人员。与缤客一样，领英也在不断改进测试操作。2015—2018 年，它将实验数量翻了一番，改善了全企业范围内工具使用者的体验，采纳了允许更大规模测试和复杂性分析的新方法（例如，用于建立因果关系）。在这一过程中，它继续在速度上投资，正如我们在第三章中所了解的，速度对在线客户行为有着非常重要的影响。所有这些改进也都对其业务规模造成了影响——企业现有 4 000 多名实验负责人，占其全球所有员工的近三分之一。

诸如缤客、领英和微软这样的企业是将实验作为创新引擎的优秀代表。但是请记住，它们的实验都始于更小的实验计划。它们还开发了自己的平台，因为当它们开始测试时，用户友好、值得信赖的第三方测试工具尚未普及。如今，这种情况已经发生了改变。你将在第六章中了解到组织将如何踏上同样的旅程——成为一家实验型组织。

---

[1] 一些准则可以登录网站查询：https://engineering.linkedin.com/ab-testing/xlnt-platform-driving-ab-testing-linkedin, accessed March 21, 2019。

第六章
EXPERIMENTATION
WORKS

成为实验型组织

为什么能够成功效仿著名的丰田生产体系的企业寥寥无几？人们一直认为，该体系是丰田跻身全球领先汽车制造商之列的奥秘所在，而且丰田毫无保留地公开了自己的实践方法。成千上万名高管前往丰田的工厂取经，介绍该系统运作方式的书籍与文章也相继问世。也许你对丰田生产体系的日常实践非常熟悉：质量环、准时交付、持续改善等等。然而，外人想要复制这些做法却出乎意料地困难。因为他们往往并不了解他们在丰田工厂考察时所见到的一切背后的含义。史蒂夫·斯皮尔（Steve Spear）与肯特·鲍恩（Kent Bowen）是两位丰田生产体系专家。20世纪90年代末，他们研究了丰田位于美国、欧洲和日本的40多家工厂的内部运作状况，对研究发现进行了如下总结：

> 我们发现，对于外人来说，关键是要理解丰田生产体系培养了一群科学家。每定义一条新规范，丰田都是在建立一套可检验的假设。换句话说，丰田采用的是科学方法。对于做出的任何改变，丰田制定了严格的问题解决流程，要求对现状进行详细评估并制订改进计划，实际上就是对拟议的改变进行实验性测试。如果没有这样的科学严谨性，丰田的变革就只能是随机的试错——一辈子都在蒙着眼睛行走。[1]

---

[1] S. Spear and K. Bowen, "Decoding the DNA of the Toyota Production System," *Harvard Business Review*, September-October 1999.

我们已经在前几章中了解了大规模实验是如何帮助工程师开发新产品，帮助营销人员优化客户体验的。在丰田的案例中，大规模实验则是管理全球工厂的引擎，而且为了能够产生有意义的影响，丰田需要开足马力进行实验。每家工厂每天都需要解决成千上万个日常问题，所有的一线工人及其主管——科学家群体——都需要全天候地迅速运用科学方法解决问题。为了推广丰田生产体系，丰田密切关注工作标准化、所有员工的技能与共同价值观，以及部署实验的速度。汽车组装完成的时间可能不到一分钟，因此几乎没有延迟解决问题的空间。

包括制造业、医疗保健业、金融服务业和酒店业在内的许多行业都试图采用丰田原则。从表面上看，这些行业截然不同。但是，只要进入组织内部，你就会发现它们的运作方式存在许多相似之处。事实上，尽管这些行业之间存在很大的差异（有或没有数字根基、B2C 和 B2B），但是它们的实验历程却非常相似。我们将在本章认识其中一些企业，了解它们为推广实验所采取的步骤。除此之外，我们还将研究所有实验型组织共有的基本要素。

旅程始于系统

实验型组织的建立并非一夕之功，而是逐步建立起来的。这就是一些企业在未能充分了解丰田生产体系或是尚未培养必要的组织能力的情况下，就试图照搬丰田生产体系时所学到的东西。一个典

第六章
成为实验型组织

型的案例就是一家欧洲制造商的管理层决定在其工厂推行零库存政策,结果却发现工厂的运营陷入停滞。这家企业的管理层一定是混淆了因果关系。低库存是实施与推广斯皮尔与鲍恩所描述的丰田实践的结果(因变量),而不是管理层可能希望改善运营的结果变量。同样,仅仅要求一家组织每年进行数以千计的实验,并不能实现快速创新,甚至可能适得其反。要想创建一家能够运行大规模实验的组织,管理者需要建立一个实验系统。实现这一目标的过程可能具有变革性,需要从认识并接受改变是必要且持续的开始。这就是第五章中缤客的案例研究告诉我们的。

但是,你如何设计这样的系统呢?其核心必须是开发值得信赖且能够大幅降低运行与分析实验成本的工具(或平台)。微软、缤客、缤趣、领英、亚马逊和网飞等企业都开发了内部工具(我们在第三章中了解了微软的实验团队),这需要多年的持续投资、深厚的技术专长与专用资源。今天,诸如 Optimizely、Google Optimize 和 Adobe Target 等第三方测试工具,为那些没有兴趣或资源开发和维护内部解决方案的企业提供了 A/B 测试功能,尽管这些工具的测试与项目管理功能大不相同(例如,我们在第三章看到的全栈实验)。同样,工程组织已经能够利用澳汰尔(Altair Engineering)、安斯科技(ANSYS)和达索系统(Dassault Systèmes)等供应商提供的仿真软件来利用实验的力量。[①] 本章末将对这类工具进行更为全面的介绍。

开发或选择正确的工具仅仅只是一个开始。我见过一些组织即

[①] S. Thomke and D. Beyersdorfer, 2010, "Dassault Systèmes," Harvard Business School Case No. 610–080 (Boston: Harvard Business School Publishing, 2010).

使采用了一个好的工具，也很难达到每月完成十几项在线实验的目的。原因就是：管理者对实验持怀疑态度，因为他们几乎从未留意业务影响，也不会投入所需的资源和领导支持来推广实验活动。为了让工具能够获得牵引力，你需要将实验放在组织的核心位置，并投资七个系统杠杆，这些杠杆可以分为三类（见图6-1）：流程（规模、范围、速度）、管理（标准、支持）和文化（共同的价值观、技能）。我们已经在书中看到了这些杠杆的作用。这些杠杆相互促进。除非对失败具有很高的容忍度（共同的价值观），否则一个组织不太可能进行大量实验（规模）。如果无法理解基本的统计或工程概念（技能），最终实验在决策中的广泛应用将受到抑制（范围）。

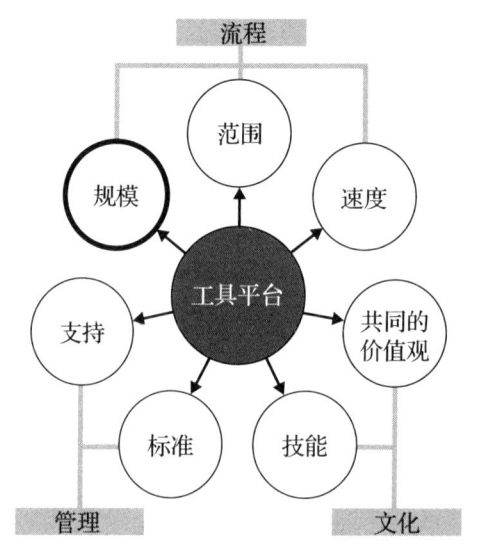

规模：每周、每月或每年的实验次数　　**范围**：组织的员工参与实验的程度
速度：从提出假设到完成实验的时间　　**共同的价值观**：促进实验运行的行为和判断
技能：设计、运行和分析实验的能力　　**标准**：制定能产生信任的规范、检查表和质量标准
支持：培训、技术支持、导师制、管理支持

图6-1　七个系统杠杆

第六章
成为实验型组织

转型的阶段：从抗拒到接受

缤客的大规模（每年超过 2.5 万项实验）、范围（在 1 800 名技术人员和产品人员中，75% 的人积极使用实验平台）和速度（可在几小时内设计和启动实验）是这些杠杆一致作用的直接结果。众所周知，整体（系统）大于部分（杠杆）之和。只要能够充分部署这些杠杆，它们将为持续创新的日常操作系统提供动力，这与丰田企业制造汽车的全企业操作系统并无二致。在工厂里，丰田生产体系还形成了一个保护层，阻止生产问题渗入成品之中。一旦实验成为标准操作程序，还能防止高级管理人员的意见（薪资最高者的意见）对应该进行实验的决策产生不利影响。在第五章中，我们认识了缤客企业的首席执行官，当他关于企业标志的决策收到了"很好，让我们用实验来检验一下这个标志"的反馈时，感到很困惑。这就是健康的实验文化在发挥作用。

没有人能够幸免。当相机企业色拉布（Snap）推出了新版多媒体消息应用 Snapchat 时，其联合创始人兼首席执行官伊万·斯皮格尔（Evan Spiegel），一位受过大量设计培训的高管，不愿让新的用户体验接受严格的实验并推迟发布。而当用户的满意度下降 73% 时，他坚持认为："即使我们看到的抱怨强化了[设计]理念。即使我们看到的挫折真正验证了这些变化。人们仍将需要时间来适应。"[1] 只有当用户转向其他消息应用程序导致企业股价大跌之后，斯皮格尔才最终承认，重新设计"太过仓促"，原本应该先在一小部分用户群体中进行更广泛的实验。[2] 企业可能进行了一些实验，然而，实验的临时性以及直觉和证据之间的差异一定是导致产品发布出现问题的原因。在一个真正的实验型组织中，即使是老板的假设也要接受现实世界的检验。

成为实验型组织

你已经在本书中认识了那些欣然将严谨的实验作为创新引擎的杰出企业。每年，它们都会进行数以千计的实验，它们将学到的东西完全融入员工每天的工作与决策方式之中。不过一定要记住，它

---

[1] J. Constine, "Why Snapchat's Redesign Will Fail and How to Save It," *TechCrunch*, May 11, 2018, https://techcrunch.com/2018/05/11/how-snapchat-should-work, accessed November 14, 2018.

[2] M. Moon, "Snap CEO Evan Spiegel Admits App Redesign Was 'Rushed,'" *Engadget*, October 5, 2018, https://www.engadget.com/2018/10/05/snap-evan-spiegel-app-redesign-rushed, accessed November 14, 2018.

第六章
成为实验型组织

们并不是一夜速成的。下面的案例研究体现了"到达"那里的过程中需要什么：系统及其"杠杆"是如何逐步发展的。

州立农业保险：一家没有数字根基的老企业

州立农业保险是一家拥有 96 年历史的保险与金融服务巨头。由于其业务使用大数据集，企业一直聘用统计人员。因此，当管理层对企业的数字业务进行投资时，要求这些统计人员通过线上和线下实验来支持营销与研究活动也就不足为奇了。[①] 这个由统计人员组成的小组创建了一个三阶流程：准备（1～2 周；该工具需要对所有变体进行手动编码）、运行（2～4 周）、数据收集和分析（1～2 周），即使是最简单的实验也是如此。平均而言，按照这个流程周期每月能够进行 1～2 项实验，在季度审核期间与利益相关者和一些高管分享实验结果。前易贝（eBay）分析与财务经理马赫什·钱德拉帕现在是州立农业保险的数字副总裁，他说："我们进行的几项实验大多是学术性实验，并不是由业务需求驱动的。"

一旦州立农业保险做出了扩大实验规模的承诺，就必须拉动实验系统的其他杠杆。第一步就是淘汰内部实验软件，采用第三方测试工具。速度提高显著：准备的时间从 1～2 周缩短到 1～2 天，而且根据统计学原理，运行时间更短了。第三方测试工具还允许州立农业保险从测试简单的网络界面变化，到测试算法、内容和本地应用程序（包括针对移动设备的应用程序）。由于客户开始转向自助服务，

---

① 马赫什·钱德拉帕（Mahesh Chandrappa）个人访谈，2018 年 11 月 8 日和 19 日。

企业还可以确保用户了解新产品的功能。更广泛的组织范围意味着通过每周的业务会议广泛分享实验，帮助人们了解实验的商业利益。

钱德拉帕遇到了一些你在前几章中了解到的障碍：人们迫不及待地想要推出他们的想法，不理解迭代的力量，并且在结果与他们的直觉或经验不符时持怀疑态度。当实验产生了令人惊讶的见解与更好的客户体验时，文化变革的第一个迹象便出现了。

成为州立农业保险的客户之后，客户与企业之间的互动主要围绕保单服务展开，除非客户遭遇事故并提出索赔。实验团队提出了一个简单的问题：如何改善没有选择自动扣款的客户每月支付保险账单的体验？实验表明，要求客户登录账户或填写纸质账单上的特殊代码会降低支付完成率。因此，实验团队将重点放在设计既符合法规又更加便捷的方法上：使用客户的出生日期和姓名，或者只是电话号码，而不是他们可能会忘记的密码来登录账户和支付账单。通过对网页文本内容、字体和设计以及页面的呈现方式进行反复实验，进一步优化了客户体验。他们通过实验找到了一个令人惊讶的有效因素：通过电话号码登录账户实现的支付完成率最高。谁能想到呢？根据钱德拉帕的说法，离开严格的实验，设计团队根本不可能找到这个最佳的解决方案，因为它违背了先前的假设。过去，他们没有严格的方法来发现什么是有效的，什么是无效的，以及为什么——也就是因果之间的真实关系。

2018年底，州立农业保险每月进行10～15项实验，并希望在2019年将这一数字增加到50项。为了实现这一目标，企业必须继续致力于共同的价值观、技能和支持基础设施。踏上征程之前，大多

第六章
成为实验型组织

数企业并不清楚它们为什么要进行实验。通过教育、演示与定期业务会议（5～10分钟）中的简短展示，大规模实验的商业价值现已得到了企业高层领导的重新认可。如果可能的话，州立农业保险的首席执行官希望加快步伐！然而，挑战依然存在：只有中央实验团队才具备设计和解释复杂实验及解决技术问题的能力，如实验重叠时证明结果有误。不是州立农业保险的所有员工都能理解一个好的假设与实验需要什么，有些人还在为实验会如何影响自己的工作而焦虑不安。拥有一个包含截屏、假设和分析的中央知识库大有裨益。任何人都可以使用基于网络的协作工具SharePoint，并从过去的实验中学习。

然而，只要人们缺乏部署和分析实验的技能和经验，实验的主要责任仍将落在核心团队身上。他们支持并审查所有的实验，以确保实验能够得到可靠的结果。事实上，如果实验结果与直觉或经验相悖，拥有一个值得信赖的系统使钱德拉帕团队免于受到批评。当然，扩大实验规模将对当前的组织提出挑战，增加实验的数量需要下放权力，对拟议实验的审查需要标准化、快速，甚至取消。但是，根据钱德拉帕的说法，到目前为止，十分清楚，"扩大实验规模已成为推动州立农业保险文化变革的基础"。有时因果关系具有双向作用：文化变革使得大规模实验得以进行，但是对实验规模的关注也可能推动文化变革。

缤趣：一家有数字根基的新企业

成立于2010年的缤趣（Pinterest）激励着2.5亿活跃用户在网络上寻找与管理图片和视频。缤趣每天都会同时进行数百项至少持续两周的实验，以充分了解其短期和长期影响。实验包括算法、推荐系统和网页可用性的变化以及图像的呈现方式。为了解实验是否成功，企业会仔细跟踪衡量企业使命的指标：人们能否更快地找到自己喜欢的东西。缤趣数据科学家安德烈亚·伯班克（Andrea Burbank）将企业的实验历程分为五个阶段[①]：

- **启动**。由于员工不理解事情发生的原因，企业采用了严格的实验框架（A/B 测试、随机化、通过 A/A 测试进行质量检查等）。然而，组织中很少有人使用这个框架。
- **做大**。推广这个框架需要核心实验团队付出巨大的努力。伯班克的团队举办了技术讲座，讲述了为什么要进行实验，并解释了为什么迫切需要一种新的方法。人们必须看到价值，而实验团队则必须消除不必要的摩擦（例如，使框架易于使用）。伯班克将这个方法总结为宣传、教育、解释和销售。
- **改善**。随着 A/B 测试的使用越来越广泛，人们在设计和理解实验方面需要更多支持。成功意味着核心实验团队成为推广实验的瓶颈。因为他们专注于帮助人们获得成功，几乎没有多少时间去积累知识和提高实验能力。
- **推广**。为了打破瓶颈，缤趣不得不开发标准化流程并投资开展培训。例如，借用航空术语来描述不同的流程阶段（"发射""飞行""降落"）和解决常见问题的检查清单（"有假设

[①] 缤趣数据科学家安德烈亚·伯班克在瑞典斯德哥尔摩的数据创新峰会上介绍了这个成熟的模型（2017 年 4 月）。我在 2018 年 11 月 7 日观看了该演讲视频。如果本书中对于她所提出的概念出现了任何错误，责任都在于我。

第六章
成为实验型组织

吗?""可以实验吗?""有足够的数据吗?"),该实验团队创建了实验审查,设计了模板,并培训了助手,他们可以通过专门的求助热线(@experiment-help)提供帮助。

- **获取工具**。为了简化实验工作,缤趣决定将简单和重复的步骤自动化。借助应用程序接口、仪表板、(针对常见错误的)检测算法等工具,该企业使实验工作更加万无一失。这一时期有两项指导原则:创建让人不容易做错事的工具以及尽可能实现自动化,这样人们就可以专注于无法通过自动化实现的创造性思维。

缤趣实验团队明白,扩大实验规模不只是创建最先进的工具或遵循最严格的框架,还需要促进组织采用我们在书中所探讨的强大方法,即科学方法,来测试新的客户体验、产品甚至是商业模式。根据伯班克的说法,创建框架并不困难,因为它建立在众所周知的科学和统计学原则之上。[①] 难的是说服人们相信,(在"做大"阶段)实验十分重要,因为他们急于做出决定、推出产品,这是我们经常看到的现象。他们认为,一旦决定推出新的产品版本,就没有必要再进行实验了。当然,经验也告诉他们,很难(如果不是不可能的话)找到用户参与度骤降(或激增)的原因,除非将发货设计成一项实验,并从实验的角度对其进行思考。缤趣实验团队也强调谦逊。演示与培训课程总会包括真实世界的案例,这让开发人员和管理者知道,即使是最简单的案例,预测用户行为也绝非易事,而仅仅依

[①] 2018 年 11 月 13 日对安德烈亚·伯班克的个人采访。

靠直觉与经验会做出错误的决定。

要扩大实验规模，实现广泛的组织参与，就需要获得高级管理层的支持。在缤趣，管理层的支持在"做大"阶段发生了变化，当时实验人员在一次重要产品的发布过程中发现了问题。一旦所有人都能理解并接受实验的价值，所有的努力都会转向确保恰当的支持性基础设施已经到位。伯班克意识到，随着获取实验帮助的需求激增，她正在成为一个瓶颈，再也无力独自支持这些请求。为了确保能够广泛采用实验以及保证实验质量，个人有权自行设计和启动实验，只要他们遵循与助手签署的标准审查过程，而这些助手通常是实验团队中的一员。当管理层期望重要的决策（如主要的网站设计）以严格的用户实验为指导时，文化的变化就会十分明显。

改变组织

无论其数字根源或客户渠道如何，许多企业都知道，安装一款实验工具还是（相对）容易的。然而，改变一家组织，包括它的流程、管理与文化，则需要时间和耐心。历史学家威尔·杜兰特（Will Durant）曾经这样描述这项挑战："重复的行为造就了我们。因此，优秀不是一种行为，而是一种习惯。"[1] 要变得优秀，需要坚定的目

---

[1] 引文全文如下："优秀是一门艺术，得益于训练与习惯的养成：我们不是因为拥有美德或表现优秀而行事得宜，而是因为行事得宜，所以拥有美德，显得优秀。重复的行为造就了我们。因此，优秀不是一种行为，而是一种习惯。"参见威尔·杜兰特，《哲学的故事》(*The Story of Philosophy*)(New York: Simon Schuster,1926)。

第六章
成为实验型组织

标、经常的练习以及精心设计的系统。我经常用下面的比喻来解释这个挑战:"在大多数组织中进行实验就像在游泳池中开摩托艇。"无论是在线实验还是工程仿真,今天的工具都与摩托艇一样强大。它们几乎已将实验运行成本降为零。既然可以将企业比作泳池,要想释放"摩托艇"的全部潜力,就必须拓宽组织的边界和深度。这是一个逐步成熟的过程,可以用管理层参与的五个阶段即 ABCDE 框架来描述:起意、信念、承诺、扩散与嵌入(见图 6-2)。[①] 同样,正如本章开篇所述,我见到的大多数组织,无论是数字企业还是非数字企业,B2C 还是 B2B,都以某种形式经历了这段旅程。

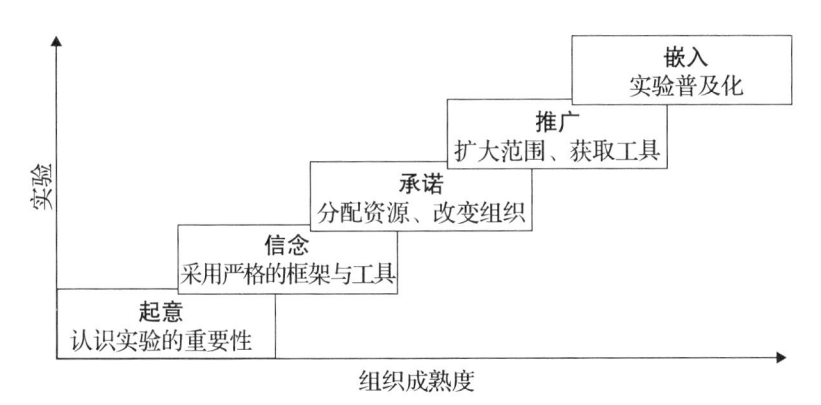

图 6-2 实验型组织的演化阶段

---

① 亚历山大·法比扬(Aleksander Fabijan)等人建议企业采用基于对微软的观察的实验演化模型。研究人员将实验成熟度模型分为爬、走、跑、飞四个阶段,并将每个阶段的演化分为三类:技术(技术重点、平台复杂性和普遍性)、组织(团队自足)和商业(综合评估标准)。他们发现,随着微软实验规模的急剧扩大,其平台与仪器越来越复杂,实验活动越来越普遍,团队也越来越独立。最后"飞"的阶段是实验的涅槃。根据研究人员的说法,"对照实验是企业投资组合中所有产品每一次变化的规范"。参见法比扬等人在 2017 年 5 月于布宜诺斯艾利斯举行的国际软件工程大会(ICSE)上提交的论文《软件产品开发中持续实验的演变》(The Evolution of Continuous Experimentation in Software Product Development)。

以下是旅程中的各个阶段：

- **起意**。管理层必须理解商业实验对创新的重大意义。他们往往认为实验就是尝试新事物。然而，如果缺少实验所需的流程、严格的框架或实验工具，就难以确定实验与其结果之间的因果关系。知识主要还是来自经验、直觉与观察。

- **信念**。管理层认识到必须借助更严谨的方法来确定上述因果关系。他们开始在一些小型专业团队中采用严格的框架与实验工具（第二章提出的问题就构建了这样一个框架）。测量虽已开始，但其对管理决策的影响不大，企业管理层仍将实验视为组织的外围活动。

- **承诺**。管理层承诺将实验作为学习与决策的核心，为实验预留更多资源。现在，一些创新决策与产品路线图需要得到严谨的实验的支持（"我要看实验结果"），能够衡量实验对业务成果的积极影响。

- **推广**。管理层意识到大规模实验是对业务产生影响的关键。他们在全企业范围内推出正式的计划与标准，推广实验的科学方法。人们可以广泛地接受培训、获得执行清单和案例研究。[1] 管理者认为实验有助于实现他们的业务目标，因此决策之前需要进行实验。

- **嵌入**。严谨的商业实验已深入人心且日益普及。团队（与个

---

① 有关在线实验执行清单的示例，参见法比扬等人于 2019 年 5 月在加拿大蒙特利尔举行的软件工程会议上提交的论文《大规模在线实验可信分析的三份关键清单与补救措施》（Three Key Checklists and Remedies for Trustworthy Analysis of Online Experiments at Seale）。

第六章
成为实验型组织

人)有权也有能力设计与开展实验。大部分员工都可以使用这些实验工具。实验变得如同计算一般普及,而且实验能力也在不断提高。

各阶段可以重叠,但是各阶段均以一系列不同的行为为特征。随着组织逐渐成熟,实验的数量会大幅增加。我们在第三章和第五章中了解了微软与缤客的模式,它们都已进入"嵌入"阶段。但是要达到这个阶段,一些组织需要克服艰巨的文化与整合挑战。

以被全球快递(GEC)收购的快递企业国际商业快递(IBD)为例。(应企业要求,这两家企业的名称均为化名。)在被收购之前,IBD 的业务遍及美国以外的 50 多个国家,营业额高达数十亿美元。2014 年,该企业在未做任何实验,也未对性能指标进行具体测量以帮助管理层做出决策的情况下便推出了新网站。随后,为了启动在线实验,企业鼓励产品团队进行常规测量,并将实验嵌入他们的工作流程,这花费了近 9 个月的时间。随着时间的推移,到 2018 年,IBD 将实验的数量从每月 1 项增加到 10 项左右,并且得到了数据科学、数据分析以及营销团队的支持。如今,所有产品发布都经过了(从后端到前端的)全栈实验。[①]

一款面向企业的航运应用程序的开发过程说明了企业面临的文化挑战:刚开始仅有万余人的主要客户群(后来增加到 20 万人)每年与 IBD 的互动只有几次,竞争激烈,被 GEC 收购,IBD 在云计算环境下的快速迭代、频繁实验以及最低可行产品的跨职能方法遭遇了 GEC 保守的项目管理方式,后者通常在一到三年内开发

---

① 2019 年 4 月 11 日对 IBD 数字产品开发负责人的采访。

符合规格的新产品,不经常实验,并且会在满足所有要求后关闭项目。

IBD 数字产品开发负责人表示:"这款应用极其复杂,检查项目繁多,集成化挑战巨大,我们希望用户体验能够像从亚马逊买书一样简单。如果离开频繁的实验与向企业客户学习,这就不可能实现。"当 IBD 的应用程序在数十亿美元年营收的基础上,将每位客户的营收提高了近 10%,而其母企业 GEC 未经实验便推出了类似的产品,结果客户满意度却直线下降时,这种对比就再明显不过了。此外,IBD 的团队并未止步于此:它的实验文化呼吁员工不断进行实验和优化,即便在其航运应用程序推出之后也是如此。

为了充分发挥实验的力量并扩展到成千上万项实验,IBD 的母企业 GEC 需要复制 IBD 的能力。这意味着要克服对企业来说并不罕见的文化挑战。高级管理层必须促使他们的组织对外部反馈做出实时反应,而大规模实验可以帮助他们实现这个目的。组织可以做到这一点。让我们看看 IBM 是如何在短短三年的时间里,将其实验的数量从每年 100 多项增加到近 3 000 项。

IBM:正在扩大实验规模的 B2B 巨头

2015 年,IBM 还不是一家实验型组织。[①] 企业的 IT 部门提供实验服务,但是昂贵的实验成本(每项实验耗资数千美元)最终仍需业务部门承担,而且实验必须遵循严格的流程。只有一位实验专家负责相关服务,他也是把关者。他拒绝了许多实验提议,除非他认为

---

① 2019 年 2 月 15 日对 IBM 营销分析副总裁阿里·谢金(Ari Sheinkin)的采访。

第六章
成为实验型组织

这些实验有十足的把握能够获得成功。结果,企业在 2015 年只进行了 97 项实验。由于只有一个专家,缺少用户友好的实验工具,再加上商业团体的实验意识较弱,实验数量如此之少不应令人感到惊讶。如果目标是限制针对 IBM 业务客户的实验——不让营销团队掌握这种能力——一些管理者当然不介意实验规模。问题是,如果你每年只接触 97 只青蛙,就很难找到很多王子。

虽然遭到首席信息官的反对,但是当 IBM 的实验理念从集中控制转向民主化之后,一切都发生了改变。在 IBM 新任首席营销官米歇尔·佩鲁索(Michelle Peluso)的支持下,营销分析副总裁阿里·谢金接管了商业实验。谢金表示:"在我心目中,理想的组织运行模式是通过实时反馈做出决策,而实现这一点的核心就是大规模实验。"这意味着需要说服并授权全球 5 500 多名营销人员进行自己的实验。首先,谢金团队选择了可扩展且易上手的实验工具,引入了严格的实验框架,并且不收取任何业务组的在线实验费用——不再需要退款。(营销分析部从中央预算中支付所有的支持与软件许可费用。)2018 年,卓越中心已发展到 12 人,在设计和运行实验等各个方面为营销人员提供支持,降低实验的难度。谢金表示:"我们通过沟通让人们明白,这是一种新的工作方式,而不仅仅是完成工作的另一种途径。"

即使有了额外的资源、组织变化与新的工具,扩大实验参与范围也需要创造性的干预措施。为了让所有地区的营销单位能够开展他们的第一次实验,IBM 进行了一次"实验突击",在此期间,必须在 30 天内进行 30 项在线实验。各单位确定各自的实验领导,他们在之后的将实验推广到更多小组的过程中发挥了重要作用。对网页的修改需保持简单和结构化：颜色变化、标题文本、按钮布局。尽管大多数实验并未带来任何统计意义上的显著改善，但还是有几项实验取得了惊人的成功。由于此前企业从未对网页进行过科学严谨的优化，关键性能指标跃升了100%以上。一些团队担心自己的登录页面客户流量不大，因而无法进行有意义的实验。这导致企业将重点放在最重要的登录页面以及整合低流量网页上。这也提出了一个重要的问题：如果大多数网页很少有人问津，IBM真的需要数百万网页吗？

为了将IBM的文化重新导向实验，管理层采取了三管齐下的方法：仪式、重复和认可。干预措施包括每季度举行一次最具创新性或最具扩展性的实验竞赛。企业会在内部对获胜者加以宣传，并派他们参加专业会议，聆听意见领袖和其他实验从业者的意见并与之交流。IBM不断增长的实验社区也关注博客，带着问题向相关人士寻求帮助，并接受各种专业水平的培训。简而言之，任何对实验感兴趣的人都可以得到企业的支持。

然而，并非所有的干预措施都涉及奖励。有时，IBM也不得不改变其政策来规范员工的行为。例如，营销部门被告知，除非已经安排了实验计划，否则它们无法再获得企业的预算拨款。即使营销部门需要花费自己的广告预算，IBM也大力鼓励营销人员从制订实验计划开始。一个重要见解导致政策发生转变：一次性实验即便数量多，也往往缺乏后续行动和迭代。需要采用更全面的方法制订实验计划，考虑不同的假设之间如何相互影响，在哪些网站上运行，

第六章
成为实验型组织

与业务成果相关的目标和指标、预计的样本量、实施步骤等等。最重要的是,好的计划能够进行迭代并探索和优化更大胆的主题,例如,将情感元素引入在线 B2B 互动。并非所有的实验都是为了确定自变量与绩效变量之间的因果关系。一些实验能够帮助团队远离局部最优,即一个小范围内的最佳解决方案,允许采用新的方法来改善客户体验,或是吸引新客户,如从未使用过 IBM 产品或服务的年轻人。

IBM 普及实验的努力取得了成效。企业向 170 个国家或地区的 23 个业务部门推出了新的实验平台。2017 年,企业共进行了 782 次实验,涉及全球近四分之一的营销人员(见表 6-1)。现在,一些实验涉及客户体验的个性化。由于 IBM 在科学精准地进行实验和收集个人客户的大量数据方面做得越来越好,它现在可以测试为更小也更同质化的客户群体量身定制的体验。

表 6-1 IBM 的在线实验的增长状况

年份	范围 (涉及的员工数量)	规模 (A/B/n 测试)	个性化 (实验)	规模 (总数)
2015	14	97	0	97
2016	37	474	38	512
2017	1 496	631	151	782
2018	2 130	1 317	1 505	2 822

2018 年,实验的数量激增至 2 822 次,数百名营销人员业已成为严肃的实验者。其他商业团体对于实验的兴趣也在增长。12% 的实验来自营销部门之外。然而,谢金表示,还需要做更多的工作:

"对许多营销人员来说,实验仍然排在其优先事项清单的第三位。前两项通常是日常职责,例如为下一场重要会议做准备。实验需要成为头等大事。"一项持续的文化挑战就是培养真正的实验心态,这不仅仅是实施其高层领导所鼓励的实验。IBM发现,最难加入实验大军的群体也许是中层管理人员,这种新的管理方式颠覆了他们将行政指令转化为行动的传统角色,即尽可能实时采用科学方法,根据实验做出决策。

使用中的工具

如前所述,成为实验型组织的核心是工具:它们使大规模对照实验成为可能,但它们也必须整合到日常工作之中。仅仅增加工具的数量并不能自动将你的企业变为成功的创新者。

因为各组织用以整合人员、流程和工具的方法各不相同——是正式与非正式的惯例、文化和习惯的结果——也许不得不打乱存在多年的组织实践。回想一下第五章中介绍的缤客首席产品官大卫·维斯曼斯对这项挑战的看法:"A/B测试是一项非常强大的工具。在我们这个行业,你要么接受它,要么就无法生存。如果要给首席执行官什么建议的话,那就是大规模实验不是什么技术问题,而是你必须完全接受的文化问题。"[1]

---

[1] S. Thomke and D. Beyersdorfer, "Booking.com," Harvard Business School Case No. 619–015 (Boston: Harvard Business School Publishing, 2018).

第六章
成为实验型组织

那么，企业应该如何利用工具推广实验活动，以促进而非阻碍创新？为了深入了解如何最有效地利用工具和实验，让我们将目光再一次转向汽车行业。

20世纪90年代末，我曾与东京大学的藤本隆宏（Takahiro Fujimoto）合作开展了一项关于全球汽车开发实践的研究项目。在三年多的时间里，我们联系并走访了全球大多数汽车企业，获得了关于22个开发项目的数据。这些信息非常详细：每个项目约有400个数据点，我们希望能够深入了解是哪些管理实践导致了项目绩效（工程时间和总交付时间）的巨大差异。我们在研究中考虑了许多实践，包括采用计算机建模和仿真等数字工具。[①] 正如第一章所述，这些工具从根本上改变了工程师开展实验、解决问题、学习以及相互交流的方式。事实上，高级研发经理告诉我们，数字工具的进步是他们整个职业生涯中最重要的变化。但是我们的研究遇到了一个难题：在我们的研究中，使用最先进工具的企业未必绩效最佳。我们发现，除非组织和文化也做出改变，否则前沿工具并不能带来业绩上的指数级飞跃。换句话说，企业现有的流程、组织结构、管理和文化很容易成为释放新工具潜力的瓶颈。这正是我从其他企业和行业环境中学到的经验，包括在线实验工具在客户体验优化中的大规模使用。我在研究中也发现了一些常见的陷阱以及企业可以避免这些陷阱的方法。

[①] 关于这项研究及其结果的详细讨论参见 S. Thomke, *Experimentation Matters: Unlocking the Potential of New Technologies for Innovation* (Boston: Harvard Business School Press, 2003), chapter 4。

工具不会自动改善绩效

不要仅将工具当作替代品

每当新模型与仿真工具出现时,支持者最初总会认为,用虚拟原型实验代替实物实验可以节省数百万美元。企业确实可以通过这种简单的替代来节省资金。但是,这些替代手段未能利用这些廉价实验所带来的更大的机会:从根本上重新思考和重组创新活动的流程。一位管理者借用早高峰来解释这一点。即使他有一辆法拉利,也无法缩短通勤时间,除非他找到一条能够充分发挥汽车的速度和加速度的新路线。同样,除非能够找到新的运营方式,否则企业就无法释放新工具的全部潜力。

让我们来看一个案例:在一家仿真半导体企业的项目中,我与高级管理层及工程部门合作,寻找具有创新性的方法来利用关于企业所制造的设备和集成电路详细性能的数据。我们利用这些数据来

第六章
成为实验型组织

开发关于其制造能力的复杂统计模型，并将这些模型嵌入当时上游工程师用以测试其设计的设计与仿真工具之中。以前，这些工程师不得不在设计时留有很大的安全余量，以确保他们设计的设备能够制造出来，然而这会降低产品性能，增加制造成本。现在，由于将制造能力模型集成到了设计工具之中，他们可以通过上游的制造性能仿真实验来大幅收紧安全余量，从而在不减少产量的情况下，提高性能，降低成本。但是，发挥新工具的效力也需要设计和制造人员以全新的方式合作。首先，制造部门必须收集并经常更新数据，以利于上游设计。其次，双方必须都相信嵌入工具中的模型是准确的，不会造成产量下降。最后，制造部门必须立即就包括流程调整等在内的所有变更与其他部门进行沟通和协调，因为它的行动会对这些团队使用的工具产生影响。

建立信任

我在研究中发现，技术变革的速度往往超过人类行为的变化速度。也就是说，如果一家组织的知识基础依赖于特定的材料与工具，工程师往往不会轻易否定他们目前所掌握的许多知识，也不会在一夜之间改变他们的工作方式。就上文讨论的仿真半导体企业而言，制造部门极不愿意承认，减少设计工具的安全余量不会对产量造成影响。可以肯定的是，这家企业并不了解最终的整体效果如何，但是首席执行官希望开展一些实验，因为如果新工具的效力能够发挥，它们将使该企业的产品在性能上比竞争对手更具优势。（许多竞争对手自己没有工厂，因此无法获得详细的制造数据。）一旦制造人员看到设计项目惊人的结果，立刻就会被说服。

同样，将仿真工具引入工程组织时，人们往往很难接受仿真实验的结果，因为他们已经花了几年甚至几十年的时间从物理模型中进行学习。这就导致了第四章中提到的奇怪的结果：我们发现，一家汽车企业引入计算机仿真之后反倒增加了产品开发的总成本。因为人们不信任这种本应取代昂贵原型的新工具，因而建造了更多的原型来验证仿真的准确性。在某些情况下，这种怀疑并非空穴来风，因为虚拟实验是非常糟糕的替代品。但是在许多情况下，由于管理层未能建立起信任，因而导致了资源浪费。

接口最小化

实验的运行可能涉及不同的专家小组或部门。为了使这个过程能够发挥作用，组织必须协调这些努力。来自不同学科的工程师设计产品的不同部分，这些部分最终必须作为一个整体运作，而实验模型（如原型）往往是由另一个小组建立的。在这样的环境中，迭代实验需要团队之间能够顺畅地交接，通常与组织接口有关的信息不能丢失且交接时间不能延迟。新的数字工具本身就可以减少这些损失，因为信息传递减少了，而且是标准化的。但是，它们也可能如我们在第一章中所看到的那样，终止实验。

我们在全球汽车企业的项目中研究了可能会抑制迭代的组织接口。我们特别调查了专家和工程师是如何分配创新工作的，并且观察到了图3-3所示的实验人员的组织模式。企业聘用专注于工具本身的专家来构建专业知识（例如，数学建模和仿真），但缺点是，如

第六章
成为实验型组织

果无法恰当管理专业知识的整合问题,就会减缓问题的解决速度。这就是汽车企业聘用更多此类专家时所发生的情况。尽管这些人支持工程师,但他们并不是设计专家。事实上,他们倾向于让工程师从设计细节和工具中脱离出来。相比之下,像丰田这样的企业更喜欢对工程师透明,并且使用能够降低群体间壁垒的简单工具。在绩效较好的企业中,工程师自己完成更多的仿真工作,有效地减少了接口的数量。值得注意的是,如果工程师能够更熟练地使用工具,就不太可能将集成工作交给专家,因为专家往往对正在开发产品的系统不太熟悉。

寻找创造价值的新方法

工具的进步可以开辟与合作伙伴互动以及创造价值的新途径。谷歌将分析工具交到客户手中,从而改变了广告业务。苹果的应用开发者工具将许多用户变成了软件供应商,并创造了一个由苹果控制的巨大市场,获得了巨大的利益。事实上,发掘能够帮助客户和用户在创新与运营中发挥更积极作用的方法,可以创造新的价值。将企业的技术诀窍转化为工具,赋予客户自行设计、实验甚至是提出解决方案的权力,从而从根本上改变价值的创造和获取方式,就能够实现这一点。我曾在工程和软件行业见过这种情况,但是现在,这种新工具正在得到广泛应用。[1]

几年前,瑞士信贷(Credit Suisse)创建了一个平台,客户可以

---

[1] S. Thomke and E. von Hippel, "Customers as Innovators: A New Way to Create Value," *Harvard Business Review*, April 2002.

通过该平台设计自己的金融产品。通过实现常规安全性检查与稳健性检查自动化，并将设计工作转交给客户，瑞士信贷将设计此类产品的成本降低了约 95%，大幅提高了利润率，并将释放的资源投入创新而非执行之中。更重要的是，每天都有数百款独特的产品问世，平台交易量同比增长超过 50%。通过重新思考如何通过新工具为客户提供价值，银行及其客户创造了前所未有的解决方案。[①]

从州立农业保险、缤趣、IBM 以及本章提及的其他企业身上学到的经验就是，扩大实验规模是一段虽然坎坷但意义非凡的必经之路。沿途，我们需要重新思考常规工作是如何完成的。一旦接受成为实验型组织的挑战，你就要当心了！存在一些旨在阻挠进步的根深蒂固的谬误以及谬误承载者。我们将在第七章讨论这些谬误以及如何揭穿这些谬误。

---

① 2015 年 3 月 16 日和 6 月 8 日瑞士信贷金融与银行解决方案主管安科·布里奇（Anke Bridge）的访谈。

第七章
EXPERIMENTATION
WORKS

商业实验的七大谬误

1687年，牛顿发表了第三运动定律，无意间为我们提供了一个超越了物体运动的概念模型。大约300年后，经济学家阿尔伯特·赫希曼从作用力－反作用力的视角研究政治、社会与经济进步，并得出了一个颇具争议的结论。他认为，与其说对进步的反对往往是"由基本的人格特征造成的，不如说是由争论的需要造成的，几乎与参与者的愿望、性格或信念无关"。[1] 尽管本书介绍了IBM、微软、缤客等企业的经验，赫希曼的论文仍能够帮助我们理解为什么一些高管没有全力开展商业实验。在2018年的一份报告中，弗雷斯特（Forrester）为研究企业在线实验的状况调查了约120名用户。受访者是遍布全球的企业，不论它们是否具有数字根基。[2] 该研究获得了三项主要发现。第一，在线实验缺乏行政可见性：只有32%的受访者负有行政责任。一位电子商务副总裁指出，扩大实验规模的最大障碍是说服高层领导相信在线实验的重要性。第二，研究发现，缺乏资源以及对分析活动整合不力是提高实验成熟度与规模的主要障碍。只有大约三分之一的受访者所在的企业有多名员工完全致力于实验；其余企业只有一名全职员工或兼职员工致力于实验，或是两者兼而有之。第三，

---

[1] A. Hirschman, *The Rhetoric of Reaction* (Cambridge, MA: The Belknap Press, 1991), 10.
[2] J. McCormick, "Elevate Your Online Testing Program with a Continuous Optimization Approach," *Forrester Research*, February 15, 2018.

55%的受访者认为，他们的在线实验平台只在某种程度上融合了数字互动渠道。这令人感到惊讶，因为约90%的受访者提到用户转化率有所提高；其他人则提到了订单价值和在线注册人数增加等好处。

　　一些企业之所以进展缓慢，是因为它们的管理层没有意识到大规模科学思考与行动的力量。但是我发现，一些普遍的误解也在阻碍企业的发展。这些错误观念有待理解、解决，然后被抛之脑后。

　　赫希曼将反对进步的论点归纳为三大类：悖谬论、无效论及危险论。当你试图改变一个组织时，反对者很可能会提出这些论点。根据悖谬论，任何旨在改善系统某方面的行动都会适得其反，该组织的情况会比行动前更糟。（第一章提到的彭尼的情况就是如此。）因此，不要发起行动。无效论认为，任何改变组织的努力都是徒劳的，因为它没有解决更深层次的结构性问题。任何行动都是徒劳的，不值得一试。然而，危险论也许才是最危险的，因为它声称，即便拟议的行动是有益的，它依然可能成本过高，并且会带来不受欢迎的风险。这就是危险论的危险之处，事先确定成本与风险并不困难，然而，行动的益处却往往难以捉摸，尤其是在采取行动之前。例如，一家连锁超市很容易就能计算出改造店面所需的成本。但是，在超市改造后开始营业之前，谁也说不准改造会对营收造成怎样的影响。不作为的真正成本是不会出现在任何资产负债表或利润表上的机会成本。危险论支持者最有力的武器就是"惧、惑、疑"（FUD），即恐惧（Fear）、不确定（Uncertainty）和怀疑（Doubt）。

　　成为一个实验型组织无疑会引起摩擦，因为任何行动都会遭遇反对意见。我遇到的反对原因覆盖了极其广泛的领域：惰性、焦虑、

第七章
商业实验的七大谬误

激励、傲慢、感知到的成本与风险等等。但是我也发现,管理者并不总是能够意识到本书所介绍的商业实验的力量。由于未能理解,也未能体会到它们真正的益处,破坏创新的谬误便随之而生。

表 7-1 是我遇到的七种谬误。

表 7-1 商业实验七大谬误

谬误	事实
1. 实验驱动的创新会扼杀直觉与判断。	直觉与判断可以成为假设的来源,也可以作为实验的补充。
2. 在线实验将导致渐进式创新,但不会带来突破性的性能变化。	在线实验是实现探索和优化的工具。性能突破可以来自持续的增量创新,这些创新可以在很长一段时间内影响许多客户。
3. 我们没有足够的假设来进行大规模实验。	所有的实验型组织都从小规模的实验开始,并随着时间的推移不断扩大。大多数企业不会每年进行数以千计的实验。
4. 实体企业没有足够的交易量来开展实验。	无论是线上还是线下,交易量是大是小,企业都可以进行商业实验。
5. 我们试过 A/B 测试,但是它对我们的绩效影响不大。	能否进行商业实验对企业竞争力而言至关重要。呼吸的投资回报率是多少?
6. 大数据与商业分析时代不再需要了解因果关系。为什么要浪费时间做实验?	大数据分析能够帮助我们深入了解相互关系。这些见解是检验因果关系的新假设与新实验的极好来源。大数据和实验相辅相成。
7. 未经同意就在客户身上做实验是不道德的。	实验必须合乎道德,并赢得客户的信任。但更大的风险是,企业没有进行足够的实验就放弃了创新。

谬误 1:实验驱动的创新会扼杀直觉与判断

几年前,我曾为一大批高管和企业家做过一场关于商业实验的演讲。听众都很感兴趣，直到一位与会者，一家全国连锁餐厅的创始人兼首席执行官，强烈反对严格测试员工想法的做法。他坚信创新关乎创造力、信心与远见，并大声宣称："乔布斯就没有对他的任何想法进行过实验。"他的悖谬信息十分明确：过于关注实验会适得其反，有可能过早地否决伟大的想法，最终扼杀直觉与判断。

但是，我反驳道，直觉与实验并不冲突：事实上，两者相互作用。直觉、客户洞见与定性研究是新假设的宝贵来源，这些假设也许会遭到反驳，也许不会。但是，假设通常可以通过严格的实验得到改进。经验证据表明，即使是专家也不善于预测客户行为（我们已经掌握了大量的证据）。事实上，大多数时候，他们的判断都是错误的。尽早知道什么可行，什么不可行，并把资源集中在最有希望的想法上，不是更好吗？在一些与会者对这种推理表示支持之后，他的态度逐渐缓和了下来。（奇怪的是，后来我发现，他的企业曾经使用过一款用来进行严格的餐厅实验的流行工具，他却不知道这件事。）关于他对乔布斯的评论，有多少人认为自己的直觉和创造力能够与乔布斯相媲美？凤毛麟角。我顺便破除另一则谬误：苹果公司会做实验。

谬误 2：在线实验将导致渐进式创新，但不会带来突破性的性能变化

我们在第三章中了解到，管理者通常认为他们所做的改变

第七章
商业实验的七大谬误

越大，可能实现的影响就越大。然而，这是悖谬论的另一种表现：业绩的突破并不总是一项或几项重大变化的结果。它们也可以来自许多持续的较小的成功变化，这些变化迅速累积起来，并能在很长一段时间内对客户产生影响。只要存在众多改进，能够对它们进行快速实验与推广，并且有科学证据表明其因果关系，渐进式创新文化也可以是一件好事。在数字世界中，有影响力也意味着做出许多正确的小改变，并将它们推广到数百万或数十亿用户中。

当我们做出重大改变时，现场实验可能会令人感到害怕。一方面，它们可能会大规模失败，导致数百万消费者面对糟糕的结果。对于业务量大的在线企业来说，用户转化率突然下降的成本可能会迅速攀升至数百万美元。这里还存在一个问题：如果几项改变同时发生，而你又无法分离出导致指标改变的变量时，企业又能了解到什么因果关系？当你想探索并进入一个新的稳定水平（如一个新的商业模式或网络体验）时，大的改变最为有效，因为你已经实现了局部最优，而连续实验产生的结果是收益递减的。

我们在第一章中看到的新西兰队的案例就属于这种情况，新的稳定状态是另一种船体设计。当然，有经验的实验者会进行突破性实验，同时改变几个变量。此时，他们会密切关注诸如厌恶变化等行为。对巨大变化的短期反应也许并不代表长期效果。所有创新都涉及不确定性，渐进式实验与激进式实验都有助于解决这个问题。

谬误 3：我们没有足够的假设来进行大规模实验

当管理者听说领先的数字企业每天都会推出几十项新实验时，会感到害怕。为了实现年均万项实验的目标，领先的数字企业的员工必须每天设计、批准、启动和分析约 40 项实验，这似乎是不可能完成的任务。更糟糕的是，像亚马逊、缤客和微软等企业一骑绝尘，人们甚至没有将它们视作榜样。反对者声称，他们的组织能够进行的少量实验几乎不会对企业的财务业绩产生任何影响——这些实验是徒劳的。然而，本书中介绍的企业没有一个一开始就深谙此道。它们取得的一切成就都来自对实验系统的精心设计和重新设计以及多年的实践。现实情况是，大多数企业每年不会进行数以千计的实验。州立农业保险每年进行 100～200 项实验（存在许多变体），并从学到的东西中获益匪浅。一些企业进行的实验数量甚至更少，但是依然实现了关键性能指标的改善。随着时间的推移，企业在运用书中介绍的经验之后，可以扩大规模，在竞争中胜出。因此，初创企业偏爱 A/B 测试工具也就不足为奇了。快速实验使它们能够敏捷地应对市场和客户的变化，减少市场调研费用。2018 年一项针对 13 935 家初创企业的研究发现，75% 的初创企业使用了 A/B 测试工具。尽管尚不清楚这些企业如何有效地部署这些工具，但是研究发现，A/B 测试对经营业绩有着积极影响。[1]

---

[1] R. Koning, S. Hasan, and A. Chatterji. "A/B Testing and Firm Performance" (working paper, October 24, 2018). 该文使用的绩效指标包括用户参与度、筹集首轮资金的概率、融资回合数以及已融资初创企业的融资金额。

第七章
商业实验的七大谬误

谬误4：实体企业没有足够的交易量来开展实验

利用大型数字企业来证明商业实验力量的一个风险是，怀疑论者会立即关注样本规模。他们指出，绝大多数业务都不是通过数字渠道进行的：它使用的是复杂的分销系统，如店铺网络、销售区域、银行分行等。此类环境下的商业实验受制于各种分析复杂性，其中最重要的是，样本量往往太小，无法产生统计上有效的结果。大型在线零售商可以轻松地随机选择5万名消费者，确定他们对实验的反应，而即使是最大的实体零售商也无法随机找到5万家门店来测试一项新的促销活动。对他们来说，可行的实验组通常只有几十人，而非几千人。那么，为什么还要费心进行严格的商业实验呢？为了反驳这种无效论的心态，让我们回顾一下我们在第二章中学到的东西。

第一，我们看到，实验样本量必须足够大才能平衡所有变量的影响（待研究的变量除外）。所需的样本量在很大程度上取决于预期效果的大小。如果企业预计该变量会造成较大的影响，样本量就可以小一些。如果预期效果较小，则样本量就必须较大。这是因为预期效果越小，以理想的统计置信度从周围的噪声中检测出预期效果所需的观察量就越大。因此，如果你所处的环境无法对数十万客户进行实验，只需专注规模更大、风险更大、影响也较大的实验。有时，正如我们在IBM身上看到的那样（第六章），关注样本量实际上有助于解决下列问题：为什么要投资流量很低的网页？如何才能增加流量和样本量？业务量是否应该合并？第二，管理者常常错误地认为，样本量越大，数据自然就会越好。事实上，实验可以涉及大量的观察结果，但是如果这些观察结果高度聚类或相互关联，那么真实的样本量实际上可能相当小。第三，企业可以结合特殊的算法与多组大数据来抵消样本规模小甚至样本量小于100带来的局限性（见第二章"大数据如何助力实验"）。最后，当你在寻找方向上的变化时，缺乏高度严谨性的实验仍然于探索有益。

同样，没有数字根基的企业发现自己正日益暴露在数字竞争中。而当它们通过网络和移动渠道与客户互动时，企业将有机会获得更大的样本。此时，管理者将会意识到拥有优化客户体验的实验能力是参与竞争的必要条件。

谬误5：我们试过A/B测试，但是它对我们的绩效影响不大

大约一年前，我与一位同事就在线实验展开了讨论，他向我转述了他与一家旅游企业首席执行官的谈话。这家企业采用了A/B测试，但是，根据这位首席执行官的说法，"这项测试并未创造出承诺的商业价值"。不清楚该企业目前处于起意阶段还是信念阶段，抑或是更高阶段，但是这位高管似乎心意已决。无效论心态无法推动规模、范围与跨业务部门的整合，它只能做到自我实现。企业进行了几十次实验，几乎都没有成功，于是宣布计划失败。无效论的一种变体是："A/B测试令人失望，因为累积的商业影响低于预期实验结果的总和。"也许是高管过早地将注意力集中在好消息上，抑或是团

第七章
商业实验的七大谬误

队在实验"成功"时自然而然地会兴奋过度。但是,有一些原因导致实验结果未必能够积少成多。一方面,交互效应导致结果无法相加。让我们来看一个非常简单的案例:假设我们分别就字体颜色与背景颜色进行了两次实验。独立实验表明,将字体颜色与背景颜色分别更改为蓝色,会导致相应的转化率提高1%。但是如果将两者同时改为蓝色,衡量指标就会崩溃(在蓝色背景上使用蓝色字体可不是什么好主意)。这就是负交互作用。

另一方面,正交互作用可以使整体效果大于实验的总和。现在,我们不改变文本的颜色,而假设只改变措辞,再次观察到转化率实现了1%的提高。但是这一次,改进的文本与蓝色背景的组合带来了3%的提高(不是1%加1%)。还有其他原因(误报、对客户群的子集进行实验等等)会导致实验结果未必能够累加,而且预期管理也很重要。发现与利用交互作用的实验设计对获得累加的实验效果会有所帮助。[①]

有时,我也会遇到一些担心大规模实验成本的怀疑论者。他们希望在开始实验之前能够了解实验的投资回报,因为这是他们评估所有新计划的方式。过去,我会耐心地解释成本和收益,这样他们就可以填写电子表格,进行财务分析。然而,正如我们所见,成本是有形的,收益是关于机会的,理解实验的收益需要信念的飞跃。所以我把我的答案改为:"呼吸的投资回报率是多少?"也许这是一

---

① D. Montgomery, *Design and Analysis of Experiments* (New York: Wiley, 1991). 该书可以帮助你了解许多实验设计。当然,估计交互作用需要更复杂的设计和更多的实验。

个荒谬的答案，但如果理解实验技能对生存而言至关重要，这个类比就不那么牵强了。

谬误 6：大数据与商业分析时代不再需要了解因果关系。为什么要浪费时间做实验？

这是一位高管在课堂讨论结束时提出的一个看似疑问的陈述，也是源于无效论的另一种谬误。他曾读过一些企业的故事，这些企业发现了看似不相关的变量（如客户的购买行为）之间的相关性，而企业可以在不了解这些相关性为什么会发生的情况下采取行动。例如，亚马逊曾一度因为客户买了卫生纸而推荐他们购买特级有机初榨橄榄油——真实的大数据发现。（我真想参加那场会议，讨论可能的因果解释！）[1]

但是正如我们在第二章中所学到的，相关性并不是因果关系，对事情发生的原因只有一个肤浅的理解可能会付出昂贵的代价，在医学上甚至是危险的。我告诉这位高管，实验和大数据的进步是相互促进的关系，而不是替代关系。从大型数据集的分析中了解到的相关性以及其他有趣的模式是新假设的极好来源，这些新假设需要对因果关系进行严格检验。此外，正如我们之前所见，大数据有助于提高实验效率，尤其是在样本量较小的情况下。

---

[1] 来自微软的罗尼·科哈维在演讲中使用过这个案例。2003 年，他在亚马逊负责数据挖掘和个性化服务。

第七章
商业实验的七大谬误

谬误7：未经同意就在客户身上做实验是不道德的

这种谬误是危险论心态的产物，它也确实涉及一些合理的担忧。企业必须依法行事，它们需要表现出道德行为，以赢得和保持客户的信任。在学术界，当社会科学研究人员的研究涉及人类主体时，他们必须遵循严格的协议。只有在获得评审委员会的批准之后，项目才能启动。医学研究的标准更高，需要仔细权衡实验带来的治疗效果和收益以及患者因实验承受的伤害。但是我们应该小心，不要夸大商业实验的潜在风险，而忽视真正的好处。我们在第四章中了解到了脸书臭名昭著的情绪传染实验。需要明确的是，这个实验的潜在危害很小，脸书算法的改变并不具有欺骗性（向用户展示的所有帖子都是真实的）。如果该企业在实验之前充分告知用户，结果就会出现偏差，我们可能永远也不会知道社交网络上的情绪传染是否真实存在，是否具有潜在的危害。

有时，事先同意并不实际，就像科尔士百货关于不同商店时间的实验（第二章）。脸书的一些批评者也许已经被第四章所描述的关于A/B测试的错误观点所迷惑。人们似乎对当前通过广告和其他手段进行情感操纵的做法不以为然，尽管这些媒体的有害影响也许从未接受过严格的测试。但是，一旦标准惯例遭到替代方案的挑战，批评者会立即做出最坏的假设。当然，更大的问题是，离开了严格的实验，即科学方法，关于因果关系的知识构建和组织就会停滞不前。要说有什么不同，那就是企业没有进行足够多的实验。

显然，企业不能以探索知识为由进行不道德的实验。[1] 然而，真正的危险并不是进行某种程度上失去控制的不道德实验。更大的风险是不做实验而放弃对创新至关重要的能力。我们已经在书中看到了一些能够加强员工道德行为的做法。领英的内部指南指出，企业不会进行"旨在提供负面会员体验的实验，不以改变会员的情绪或情感为目标，也不会推翻现有会员的设置或选择"。[2] 缤客将道德培训作为新员工入职流程的一部分。企业还要求在实验启动前后完全保持透明。所有员工均可参与道德讨论，这些讨论有时会很激烈，但最终所有人都会形成相同的目标：改善客户体验，消除通往实验型组织旅程中的摩擦。从长远来看，欺骗客户或劝说他们做出违背这一目标的事情是行不通的。

按照缤客前首席执行官吉莉安·坦斯的说法，以迅速和严谨的态度找出什么行得通，什么行不通，"一切都需要进行实验"。为了达到这个目的，本章所讨论的谬误必须为事实让路。

---

[1] M. Meyer, "Ethical Considerations When Companies Study — and Fail to Study — Their Customers," in *The Cambridge Handbook of Consumer Privacy*, ed. E. Sellinger, J. Polonetsky, and O. Tene (Cambridge, UK: Cambridge University Press, 2018). 该书包含了对客户实验与产品实验中的法律和伦理考虑的深思熟虑的讨论。正如第四章所述，进行更多实验的道德理由比批评者反对你实验的理由要强得多。

[2] Ya Xu, "XLNT Platform: Driving A/B Testing at LinkedIn," August 22, 2014, https://engi neering.linkedin.com/ab-testing/xInt-platform-driving-ab-testing-linkedin, accessed March 21, 2019.

后 记
EXPERIMENTATION
WORKS

展望未来

颇具影响力的管理思想家彼得·德鲁克（Peter Drucker）曾经指出，每一位企业领导者都应该回答五个基本问题。[1] 其中，"你的客户重视什么"这一问题也许是企业在创新时需要回答的最重要的问题。[2] 然而，大多数用于了解客户价值的研究方法都不精确、见效慢而且推广成本高。对于客户（认为他们）想要什么，他们实际上将如何行事，以及他们最终重视什么等问题的预测，大多是碰运气。能够帮助企业发现客户真正重视的东西的大规模实验都非常便宜，而且具有科学的精确性。

　　一旦管理者发现并释放出商业实验的惊人力量，他们的热情怎么描述都不为过。《华尔街日报》的母公司道琼斯企业（Dow Jones & Company）负责产品优化的副总裁彼得·琼斯（Peter Jones）这样说："对于《华尔街日报》这类大型的数字产品来说，应用数据驱动的实验就像发现钚一样，它是地球上最强大的产品开发工具。它使我们能够安全地测试积极的新变化，做出精准的商业决策，并迅速、反

---

　　[1] P. Drucker et al., *The Five Most Important Questions You Will Ever Ask about Your Organization* (San Francisco: Jossey-Bass, 2008).
　　[2] 另外四个问题是：我们的使命是什么？我们的客户是谁？我们的成果是什么？我们的计划是什么？

复地改进我们的产品。"[1] 我们从中学到的教训是，不应将构建训练有素的商业实验的能力留给专门的小组或职能部门。创建一个真正的实验型组织需要高层领导的支持。因此，我建议全球的企业高层领导继续努力。

快速构建实验能力还有另一层原因：迎接未来。现在，我也许应该听从一句谚语："预测本就不易，对未来的预测尤其不易。"但是，如果我们能够连点成线，就不难看出商业世界的发展方向。这里有三项重要的驱动因素会推动大规模实验能力的发展。

首先，客户会越来越多地通过移动设备（智能手机、平板电脑、手表等）与你的企业互动。2018年，智能手机与移动设备的出货量超过15亿部。预计到2023年，出货量将超过20亿部。[2] 然而，更令人惊叹的是这些设备的计算能力与网络化的能力。[3] 按照这一速度发展下去，几十年后，客户便能将今天（研究人员用以预测全球天气模式或仿真宇宙诞生之初状况）的超级计算机装进口袋。这将导致与客户的接触点及复杂互动出现爆炸式增长，包括我们今天甚至还没有意识到的行为与价值驱动因素。增强现实技术的进展让我们看到了可能且需要的东西：需要大量探索和优化的全新的客户体验。

---

[1] S. Hyken, "You Cannot Downsize Your Way to Profit: Newspapers' Lesson in Customers' Changing Habits," *Forbes Online*, https://www.forbes.com/sites/shephyken/2018/10/l4/you-cannot-downsize-your-way-to-profit/#122f6ea225ab, accessed October 14, 2018.

[2] Frost & Sullivan, "Global Smartphones and Mobile OS Market, Forecast to 2023," February 15, 2018, https://store.frost.com/global-smartphones-mobile-os-market-forecast-to-2023.html.

[3] 2018年推出的苹果A12 Bionic GPU芯片的计算能力估计为500 gigaflops，约为2016年推出的A10 Fusion性能的两倍。而A10的性能又比2015年推出的A9提高了一倍。真正令人惊讶的是，A12的原始性能可与20世纪90年代中期建造的大型超级计算机相媲美。

后 记
展望未来

帮助所有企业跟上这些快速发展的步伐,并判断哪些可行,哪些不可行的唯一方法就是开展大规模的实验。(顺带一提,更好、更快的工具也将使更强大的移动设备成为可能。)当英特尔、三星、英伟达(Nvidia)和博通(Broadlom)等半导体企业宣布芯片设计和技术方面又一次取得了突破时,这一胜利既是现代建模和仿真工具快速发展的证明,也是研发团队技能的证明。这种进步现在又回到了起点。如果不是他们协助创造了实验工具,就不可能设计与制造出今天(以及明天)的芯片。

其次,企业很快就会认识到,没有对照实验的商业分析计划是不完整的。在第一章中,我们发现,使用大数据的传统分析法就像是透过后视镜观察,对于创新来说,这种方法存在严重的局限性:创新越新颖,越不可能获得可靠的数据。(事实上,要是能够拿到可靠的数据,早就有人推出了这项创新,那么它也就不再新颖了!)此外,数据本身往往有赖于具体环境(正如第一章中彭尼的失败所示)。因为对另一个市场中某家企业(苹果商店)有效的东西,未必能够在其他地方生效。

我们还了解到,很多时候,使用标准的数学方法(如回归分析)对大数据进行分析,可以获得关于相关性而非因果关系的见解。一些相关性很强的变量之间根本不存在因果关系。还记得对45项被大量引用的关于医疗干预有效性的临床研究的研究(第二章)吧,只有17%的非随机研究经得起后续研究的复制——科学方法的试金石。[1]

---

[1] J. Ionnidis, "Contradicted and Initially Stronger Effects in Highly Cited Clinical Research," *Journal of the American Medical Association* 294, no. 2 (2005): 218–228.

如果这些医学研究（尽管是非随机的）的严格程度远远胜过我们在日常商业决策中的所见，我也不会感到惊讶。我们还了解到，大数据与复杂的计算技术相结合，可以如何帮助传统线下企业（如商店网络、银行分行等）进行受制于小样本的实验。这里的教训是，商业分析需要对照实验，反之亦然，尤其是在创新的背景之下。

最后，需要大规模实验能力的第三项，也许是最重要的一项，是人工智能的兴起，或者说得更具体一些，是机器学习与人工神经网络的兴起。可以通过大型数据集训练复杂的算法与受生物学启发的神经网络，以高度自动化的方式检测模式（例如，用户问题的识别、聚类与优先排序）。尽管大多数理论突破都是在几十年前取得的，但我们最终还是看到了能够改变企业未来的应用程序出现了爆炸式增长。[1] 想象一下：如果基于人工智能的方法可以分析你的数据（客户支持信息、市场研究等），并生成数以千计基于证据的假设，会怎么样？[2] 再想象一下，这些算法还可以在完全不需要管理层参与的情况下设计、运行和分析实验。使用闭环系统的大规模实验项目可

---

[1] J. Somers,"Is AI Riding a One-Trick Pony?"MIT Technology Review, November-December 2017. 该文概述了神经网络的历史。今天的许多深度学习应用都是基于一种叫作反向传播的数学方法，我曾于20世纪80年代末在研究生院学习过这种方法。反向传播在涉及大量数据与计算能力的情况下效果最好。

[2] 这些能力在某些领域已经存在。以沃森系统为例，其创造者IBM称，该系统使用了"一百多种不同的技术来分析自然语言，识别来源，寻找与生成假设，寻找证据并对其进行评分，合并假设并对其进行排序"。应用范围包括医疗保健、天气预报、时尚、税务筹划、变量销售机会等等。此外，自主代理（人工智能"机器人"）已经可以确定哪些广告活动更有可能提高客户转化率，自动做出最佳的活动调整。（参见 B. Power,"How Harley-Davidson Used Artificial Intelligence to Increase New York Sales Leads by 2,930%,"hbr.org, March 30, 2017, https://hbr.org/2017/05/how-harley-davidson-used-predictive-analytics-to-increase-new-york-sales-leads-by-2930, accessed September 13, 2019。）

后 记
展望未来

以在后台运行,等到你早上上班的时候,就能收到它们提出的行动建议。而且,你可以完全相信自己不会做无用功,因为这些行动建议经过了科学的因果测试。

如果再高级一些,闭环系统完全不征求你的意见就采取了管理措施,那会怎样?这是(商业)科幻小说吗?事实上,实现这一目的所需的必要组件如今业已存在。让我们来看一则工程研究领域的案例:哥伦比亚大学教授荷德·利普森(Hod Lipson)致力于研究能够设计新事物的"创造性机器"。[1] 由于模仿人类的创造力并非易事,产品开发人员大多避开了产品的自动设计(称为合成)。因此,利普森和其他研究人员没有试图复制人类的创造过程,而是决定遵循进化的原则——变异与自然选择——来设计诸如机器人、仿真电路之类的东西。(仿真电路的设计需要大量的技能和经验。)进化方法的问题在于其规模和效率:在得出接近人类创造力的解决方案之前,需要对数百万种变异进行适配度测试。这时,仿真就有了用武之地。现在,通过进化算法自动生成变异,并通过仿真它们的性能来评估其适配度,可以创造出全新的产品设计——完全不需要人类插手。利普森的创意机器完成之后,通过增材制造技术将最好的设计打印出来。如今,这种方法已经切实可行,它的设计已经超越了最好的人类设计,而且与我在前文所设想的闭环系统十分类似。然而,这些方法引发了许多问题,其中最重要的是,如果有关设计和价值的决策可以由自动实验系统来裁定,工程师和经理应该承担怎样的角

---

[1] H. Lipson, "Curious and Creative Machines," presentation at Altair Technology Conference, Paris, France, October 16–18, 2018.

色。为了找到答案——最好能够参与回答这些关键问题的过程——你必须踏上通往未来的旅程,成为一家实验型组织。

神奇啊!
这里有多少好看的人!
人类是多么美丽啊!新奇的世界,
有这么出色的人物。
——威廉·莎士比亚,《暴风雨》(*The Tempest*)

Experimentation Works : The Surprising Power of Business Experiments by Stefan H. Thomke

Original work copyright © 2020 by Stefan H. Thomke

Published by arrangement with Harvard Business Review Press

Simplified Chinese translation copyright © 2023 by China Renmin University Press.

Unauthorized duplication or distribution of this work constitutes copyright infringement.

ALL RIGHTS RESERVED.

图书在版编目(CIP)数据

实验工作法：不确定时代的敏捷创新与决策术/(美)斯蒂芬·汤姆克著；诸葛雯译. -- 北京：中国人民大学出版社，2023.9
ISBN 978-7-300-31627-7

Ⅰ. ①实… Ⅱ. ①斯… ②诸… Ⅲ. ①商业经营－研究 Ⅳ. ①F715

中国国家版本馆CIP数据核字（2023）第082787号

实验工作法
——不确定时代的敏捷创新与决策术
[美]斯蒂芬·汤姆克　著
诸葛雯　译
Shiyan Gongzuofa——Buqueding Shidai de Minjie Chuangxin yu Jueceshu

出版发行	中国人民大学出版社		
社　　址	北京中关村大街31号	邮政编码	100080
电　　话	010-62511242（总编室）		010-62511770（质管部）
	010-82501766（邮购部）		010-62514148（门市部）
	010-62515195（发行公司）		010-62515275（盗版举报）
网　　址	http://www.crup.com.cn		
经　　销	新华书店		
印　　刷	北京联兴盛业印刷股份有限公司		
开　　本	890 mm×1240 mm　1/32	版　次	2023年9月第1版
印　　张	8.625 插页2	印　次	2023年9月第1次印刷
字　　数	176 000	定　价	69.00元

版权所有　侵权必究　印装差错　负责调换